David Wohlhart – Michael Scharnreitner – Elisa Kleißner

Mathematik für die 1. Klasse der Grundschule

Schülerbuch

Helbling

Inhaltsverzeichnis

Inhaltsverzeichnis

So funktioniert dein Mathematikbuch

1 Bilde Mengen.

Jede Aufgabe hat eine Nummer. Daneben steht die Anweisung. Wenn du sie noch nicht selbst lesen kannst, lass sie dir vorlesen.

2 Schreibe

Das Heft sagt dir, dass du die Lösung in dein Mathematikheft schreiben sollst.

3 Finde ★

Der Stern zeigt dir, dass eine Aufgabe besonders knifflig ist.

Bleib in Form!

Mathematik lernst du am besten, wenn du immer wieder übst. „Bleib in Form!" hilft dir dabei.

Plusrechnen, Tauschaufgabe

Bei der Eule findest du wichtige Wörter.

Cedric und seine Freunde begleiten dich durch das Schuljahr. Jedes Kapitel beginnt mit einem Bild aus ihrer Abenteuergeschichte.

1. Lieblingssachen ordnen

1 Male die Stofftiere an. Beschreibe die Tiere.
Was haben sie gemeinsam, was unterscheidet sie?

2 Beschreibe die Gruppen. Kann man noch andere Gruppen bilden?

3 Beschreibe die Ordnung. Kann man auch anders ordnen?

Merkmale beschreiben, Gruppen bilden, ordnen
1) Spiel: Ein Kind beschreibt ein Tier, die anderen erraten es. **TIPP** Klassenaktivität: „Zeige auf das grüne Tier.", „Welches Tier hat zwei lange spitze Ohren?",
Abenteuergeschichte ▶ LH
2) 3) Die Kinder gruppieren und ordnen ihre mitgebrachten Lieblingsstofftiere und beschreiben die Ergebnisse.

1. Lieblingssachen ordnen

1 Bilde Gruppen. Male die Stofftiere an.
Nimm für jede Gruppe eine andere Farbe. Beschreibe die Gruppen.

2 Bilde Gruppen. Male die Drachen an.
Nimm für jede Gruppe eine andere Farbe. Beschreibe die Gruppen.

3 Schreibe die Zahl.

Merkmale beschreiben, Gruppen bilden, ordnen
1) 2) Die Kinder erklären, nach welchen Merkmalen sie gruppiert haben. Verschiedene Lösungen sind möglich.
3) Im Schreibkurs wird die Schreibung von Zahlen und Rechenzeichen geübt.

1. Lieblingssachen ordnen

1 Erzähle zu jedem Bild eine Geschichte.

2 Setze die Reihen fort. Bemale die Kreise.

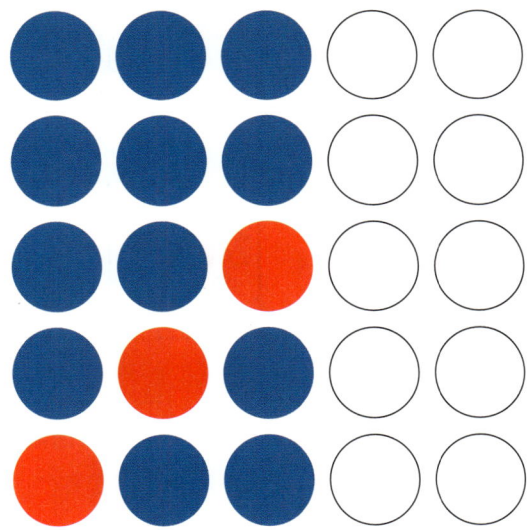

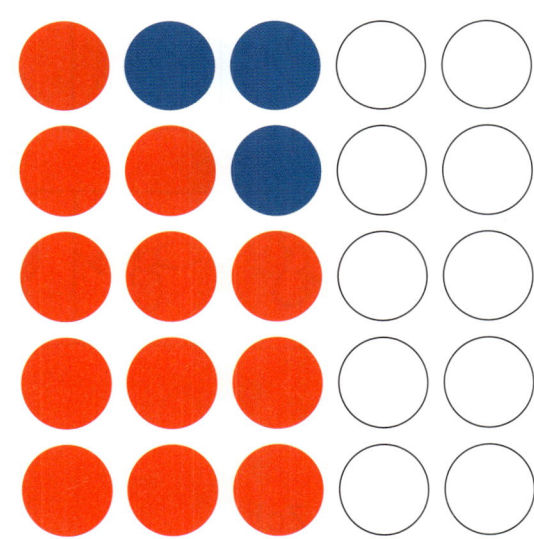

3 Lege selbst Reihen und beschreibe sie.

4 Setze die Reihe fort. Bemale das letzte Bild.

    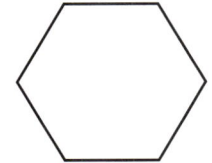

Merkmale beschreiben, ordnen
1) Die Kinder erkennen Handlungsabläufe und begründen sie.
3) Partnerarbeit: Die Kinder beschreiben einem anderen Kind die Reihe, die sie selbst gezeichnet bzw. mit Plättchen aus den Stanzbögen gelegt haben.
4) Muster erkennen und fortsetzen.

1 Was gehört in die Schultasche?

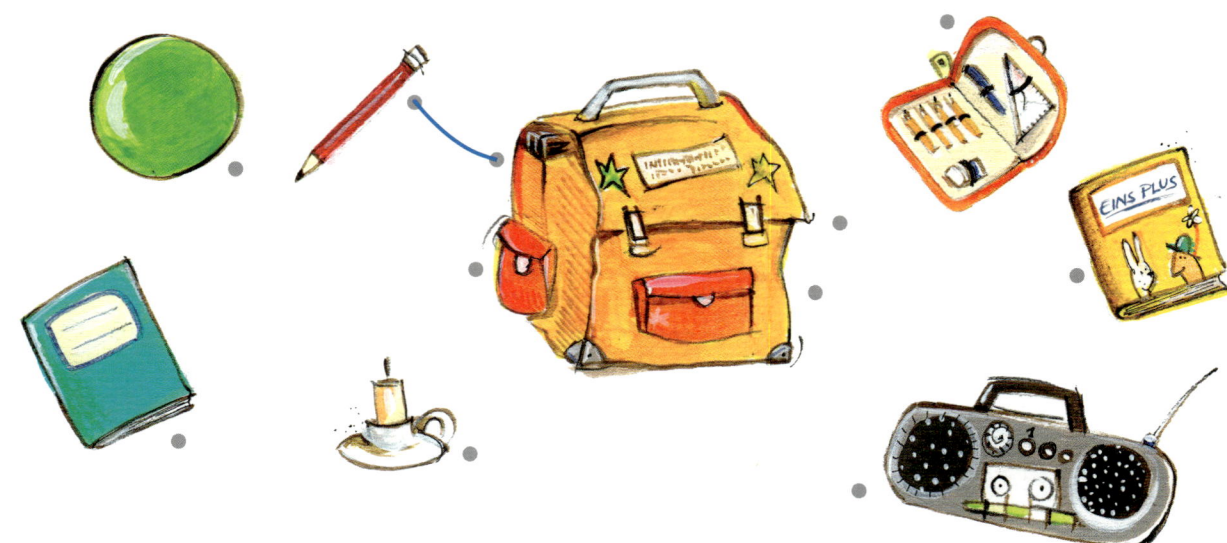

2 Was passt nicht dazu?
Warum passt es nicht dazu? Erkläre.

Schreibkurs

3 Schreibe die Zahl.

3

3

4

4

Gruppenzugehörigkeit erkennen
1) TIPP Variante: Was gehört in unser Klassenzimmer?
2) Die Kinder erklären, warum etwas dazu passt oder nicht. Verschiedene Lösungen sind möglich.

2. Pferde zählen

1 Male die Pferde in Philipps Liste mit der richtigen Farbe an.

2 Partnerspiel:
Vorwärts und rückwärts zählen.
Wie weit kommt ihr?

1, 2, 3, 4.

4, 3, 2, 1.

3 Wie viele Tiere kommen in der Geschichte vor?
Höre zu und zähle mit.

Aufbau der natürlichen Zahlen: Zählen
1) Übereinstimmung von Mengen und Strichnotation. Abenteuergeschichte ▶LH
2) Spielregel: Das erste Kind zählt vorwärts bis zu einer Zahl, das zweite Kind zählt von dieser Zahl rückwärts. Mit kurzen Reihen beginnen, dann steigern. Rollenwechsel.
3) Zuerst Strichnotation vorstellen. Zählgeschichten, in denen Tiere in unterschiedlicher Anzahl vorkommen, werden erzählt. Die Kinder verwenden die Strichnotation zum Mitzählen. ▶LH

2. Pferde zählen

1 Zähle die Papageien.

2 Male die Papageien an.

 |||

 |

 ||||

Schreibkurs

3 Schreibe die Zahl.

Aufbau der natürlichen Zahlen: Listen, Tabellen, Strichnotation
1) 2) Übertragen in eine andere Darstellungsform.

2. Pferde zählen

1 Gib jedem Kind eine Reitkappe.

2 Gibt es für jedes Kind eine Schultasche und eine Mütze? Vergleiche die Mengen.

mehr als,
weniger als,
gleich viel wie

3 Wovon gibt es mehr? Kreise ein.

Bei welchen Bildern kann man die Antwort schnell finden,
bei welchen ist es schwierig? Begründe.

Aufbau der natürlichen Zahlen: Zählen, Vergleichen von Mengen
2) Die Kinder ziehen Linien von den Kindern zu den Gegenständen. Mögliche Fragen: „Gibt es gleich viele Taschen wie Mützen?", „Gibt es weniger Mützen als Kinder?",
„Gibt es mehr Kinder als Taschen?"
3) Beispiel: „Es sind mehr gelbe Äpfel als rote Äpfel."

2. Pferde zählen

1 „Ich sehe was, was du nicht siehst und davon gibt es 3!"

2 Suche diese Dinge im Bild und zähle sie.

Schreibkurs

3 Schreibe die Zahl.

Aufbau der natürlichen Zahlen: Zählen, Mengen bilden
1) Spielregel: Ein Kind nach dem anderen stellt die Frage „Ich sehe was,..." und nennt eine bestimmte Anzahl (3, 4 oder 5). Die anderen Kinder raten, was gemeint sein könnte, z.B. 3 Brote, 3 Birnen, 3 Saftflaschen,... **TIPP** Spielvariante: Gegenstände in der Klasse suchen.

2. Pferde zählen

1 Bilde Mengen.

immer 2   immer 5   immer 10

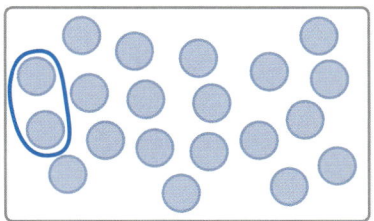 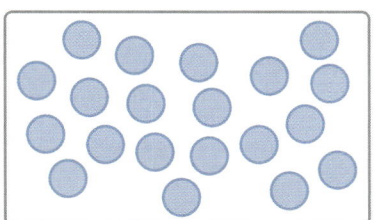 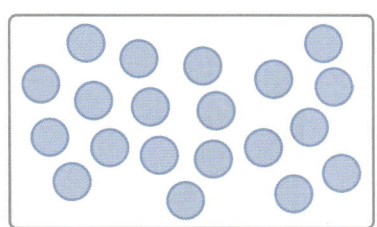

2 Partnerarbeit: Zählen und legen.

3 Auf einen Blick: Schreibe die Zahlen.

6

4 Würfelspiel: Plättchen wegnehmen

Spielt zu zweit.
Jedes Kind bekommt 10 Plättchen.
Würfelt abwechselnd.

Du darfst so viele Plättchen vom
anderen Kind wegnehmen, wie
dein Würfel Punkte zeigt.

Sobald ein Kind keine Plättchen mehr
hat, endet das Spiel.

Aufbau der natürlichen Zahlen: Zählen, Mengen darstellen, Mengen erfassen
2) Die Kinder legen die Mengen mit Plättchen. Sie sollen dabei Anordnungen finden, die das Erfassen leicht machen.

3. Links oder rechts?

1 Cedric sucht den Weg hinaus aus dem Wald.
Wie oft muss er dabei rechts abbiegen?

2 Höre zu und male die Felder an.

Gelbes Haus,
rechts unten:
blau!

Schreibkurs

3 Schreibe die Zahl.

Raum und Form: Orientierung, Ortsangaben, Wegbeschreibungen
1) **TIPP** Die Kinder bewegen sich nach Anweisungen: „Biege rechts ab." „Biege links ab." „Geh geradeaus.", Abenteuergeschichte ▶ LH
2) **TIPP** Partnerarbeit. Ein Kind gibt eine Anweisung, das andere führt sie aus. Rollenwechsel.

3. Links oder rechts?

1 Was machst du mit der rechten Hand? Was machst du mit der linken Hand? Vergleiche mit anderen Kindern.

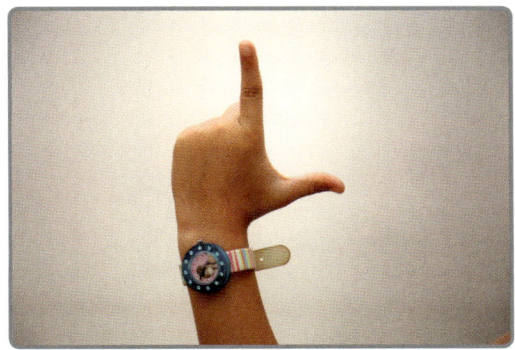

2 Hilf den Tisch decken. Zeichne Messer und Gabel zu jedem Teller.

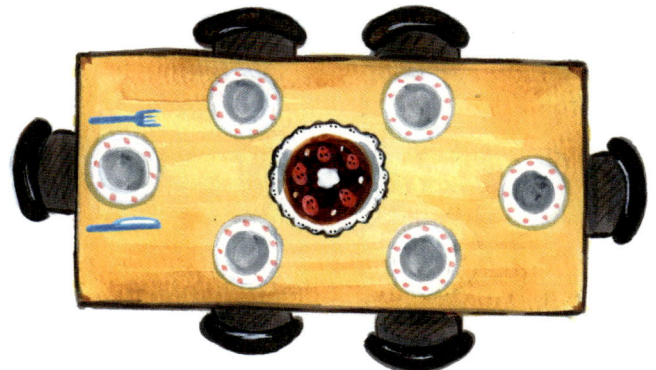

rechts,
rechts von,
links,
links von,
oben,
unten

3 Du musst wissen, wo rechts und links ist. Finde Beispiele.

Raum und Form: Orientierung, Lagebeziehungen
1) Die Kinder vergleichen, was sie mit der rechten Hand und mit der linken Hand besser können.
2) Dazu sprechen: „Das Messer liegt rechts vom Teller." „Die Gabel liegt links . . ."
3) Alltagsbeispiele für rechts, links, rechts von, links von finden.

3. Links oder rechts?

1 Höre zu und male die Vögel an.

Welcher Baum ist größer, der linke oder der rechte?

Wie viele Vögel sind auf dem Bild?

Wie viele Sprossen hat die Leiter?

über, unter, auf, zwischen, neben, vor, hinter

Schreibkurs

2 Schreibe die Zahl.

Raum und Form: einfache räumliche Beziehungen
1) Lehrervorgabe, z.B. „Male den Vogel neben der Leiter gelb an." **TIPP** Partnerarbeit: Die Kinder geben abwechselnd Anweisungen, ohne auf das Bild zu zeigen: „Male den Vogel auf der Decke blau an." „Male den Vogel hinter der Wolke grün an."

16

4. Wie viel ist das?

1 Wie viele Äpfel hat jedes Kind?

Aron

Nora

Troll

Linn

Cedric

Aron

Nora

5

2   3

Philipp

> Nora hat 5 Äpfel.
> 2 sind gelb.
> 3 sind rot.

Linn

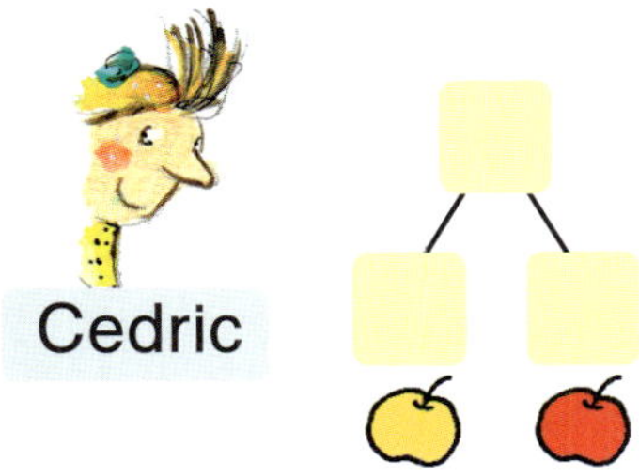

Cedric

2 Schreibe die Zahlen.

3 Zeigt euch gegenseitig mit den Fingern beider Hände Zahlen und schreibt sie auf.

Mengen zusammensetzen und zerlegen
1) **TIPP** Klassenaktivität: Rollenspiel „Der Brückentroll": Kinder legen Spielregeln fest, wie man über die Brücke darf, z.B.: „Man muss fünf Äpfel haben, es müssen rote und gelbe dabei sein." Lösungsmöglichkeiten: 1 + 4, 2 + 3, . . ., Abenteuergeschichte ▶ LH
2) 3) Die Kinder zeigen Zahlen mit beiden Händen. Eine Hand zeigt immer fünf Finger.

17

1 Beschreibe die Bilder.

Das sind 3 Äpfel.
Einer ist gelb.
Zwei sind rot.

2 Beschreibe die Bilder.

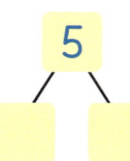

Das sind 5 Fische.
2 schwimmen
nach links …

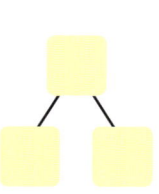

3 Finde verschiedene Beschreibungen für dieses Bild.

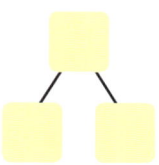

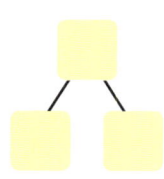

4 Teile in zwei Mengen.

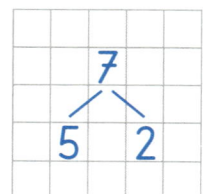

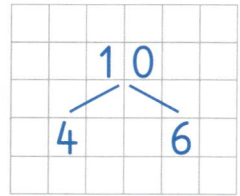

Bleib in Form!

5 Schreibe die Zahlenmuster weiter.

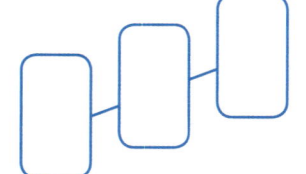

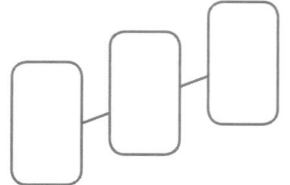

Mengen in Teilmengen zerlegen
4) Partnerarbeit: Die Kinder teilen Gegenstände (Kastanien, Murmeln, Steine, …) in zwei Teilmengen, legen diese in Form von Würfelbildern und schreiben die entsprechende Zerlegung ins Heft.
5) Der Abschnitt „Bleib in Form!" greift hier und auf jeder zweiten folgenden Seite grundlegende Fähigkeiten und Fertigkeiten wieder auf, die langfristig geübt werden sollen.

4. Wie viel ist das?

1 Die Kinder haben Punktbilder für die Zahl 8 gezeichnet.
In welchen Bildern kann man die Zahl schnell erkennen? Warum?

2 Lege und zeichne.

Immer 5.

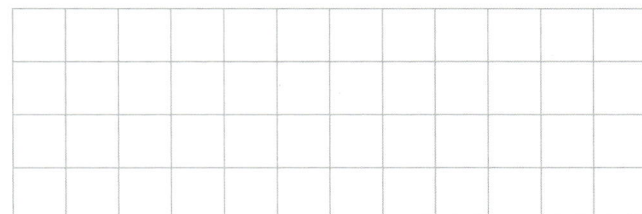

Immer 5.

Immer 6.

Immer 7.

Immer 8.

Immer 9.

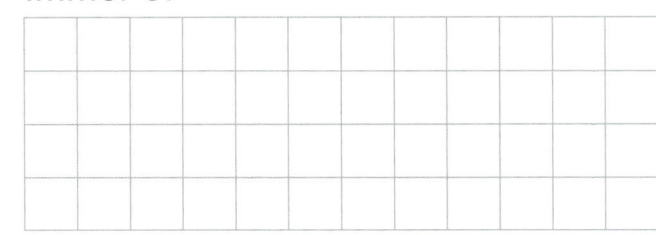

Immer 10.

3 Vergleiche deine Bilder mit anderen Kindern: In welchen Bildern kann man die Zahl leicht erkennen, bei welchen muss man zählen?

Mengen darstellen
1) Die Kinder begründen, warum manche Mengenbilder schnell erfassbar sind. **TIPP** Auf Darstellungen hinweisen, die sich leicht in Teilmengen zerlegen lassen.
2) Die Kinder legen mehrere Darstellungen für dieselbe Zahl und zeichnen sie auf.
3) Die Kinder vergleichen verschiedene Darstellungen und beurteilen, welche Mengenbilder schnell erfassbar sind.

4. Wie viel ist das?

1 Wie viele Punkte siehst du? Wie viele Plätze sind leer?

7 Punkte sind da. 3 Plätze sind leer.

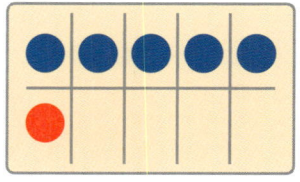

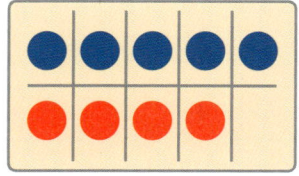

2 Lege die Zahlen von 1 bis 10 auf dem Zehnerfeld.
Sprich dazu, wie viele Punkte da sind und wie viele Plätze leer sind.

3 Beschreibe, wie Linn und Cedric die Zahlen gelegt haben.
Male die Plättchen für die Zahlen 8 und 9.

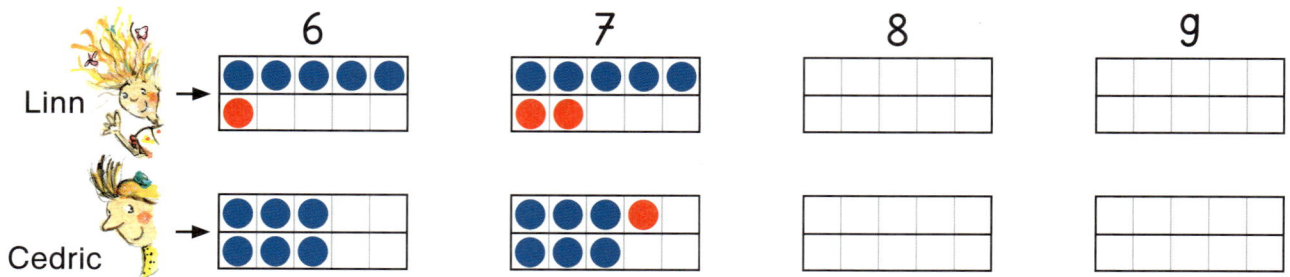

4 Die Kinder haben die Zahl 8 gelegt.
Wo kannst du die Zahl am schnellsten erkennen?

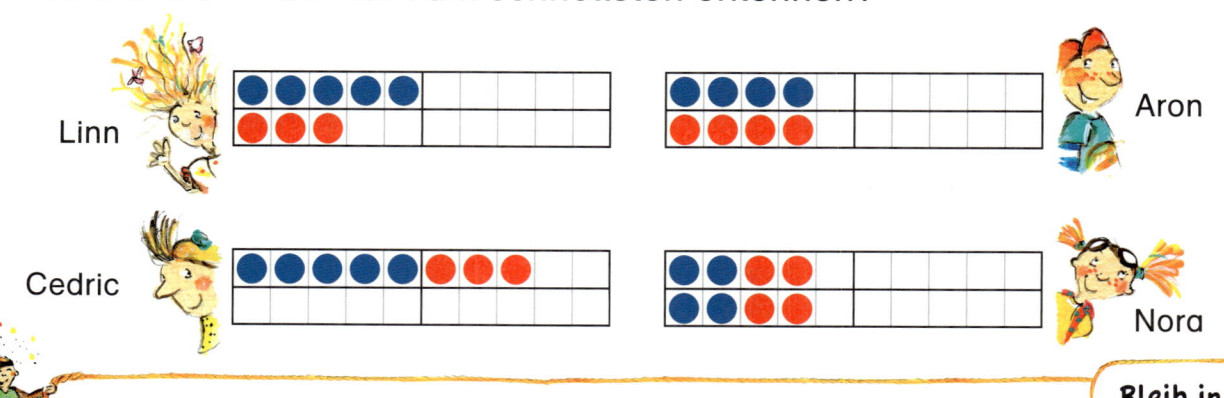

Bleib in Form!

5 Schreibe die Zahlenmuster weiter.

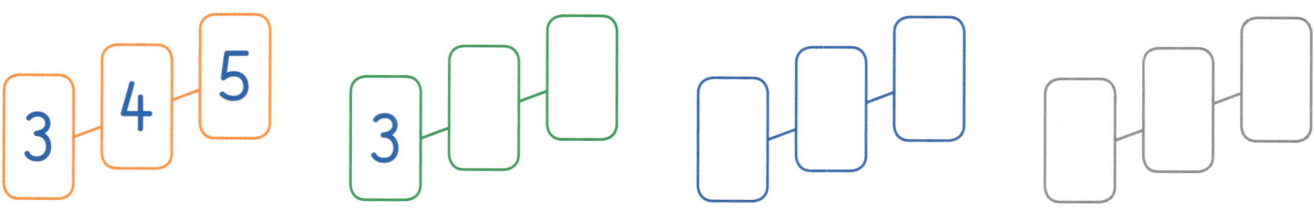

Mengen im Zehner- und Zwanzigerfeld legen
4) Die Kinder beschreiben die Anordnungen und begründen, warum sie leicht zu erfassen sind.

20

5. Messen mit Händen und Füßen

1 Wer hat am weitesten geworfen?
Zähle die Schritte.

Körpermaße, Schritt

2 Wie viele Schritte?

Gehe von deinem Tisch bis
zur Tafel und zähle die Schritte.

Wie breit ist euer Klassenzimmer?
Messt in Schritten.
Sind die Ergebnisse gleich?

Schätzspiel:
Wie viele Schritte sind es von der
Tür bis zur Tafel?

Welcher Weg ist länger:
Von deinem Platz bis zum Fenster
oder bis zur Tür?

Größen und Messen: Längen messen, körperbezogene Maßeinheiten
1) Abenteuergeschichte ▶ LH
2) TIPP Lied „Die Klassenreise" ▶ LH

21

1 Miss den Körper eines anderen Kindes ab.

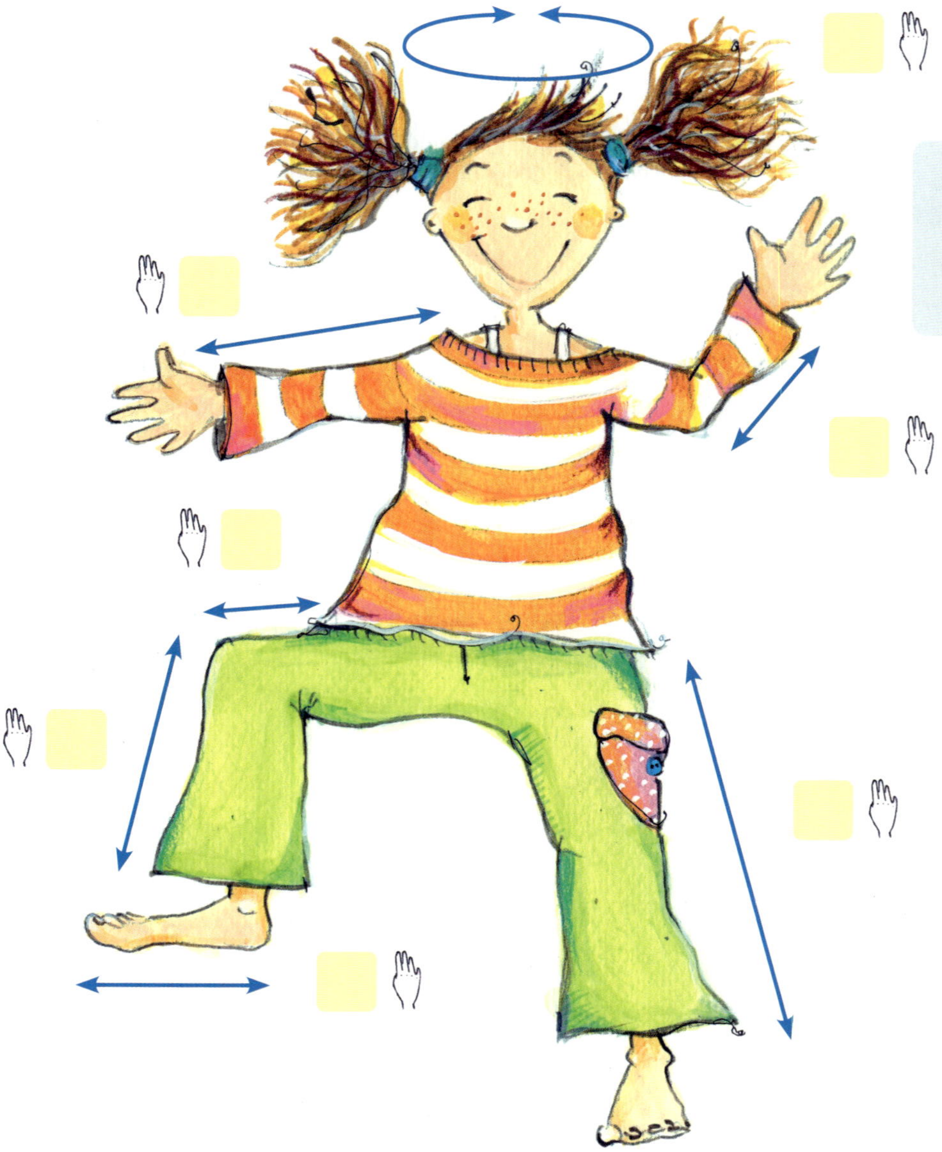

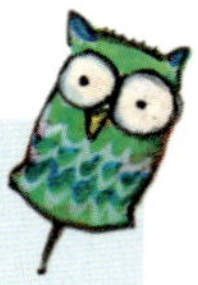

Längen messen,
Handbreite,
länger,
kürzer

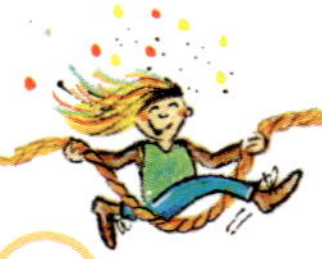

Bleib in Form!

2 Schreibe die Zahlenmuster weiter.

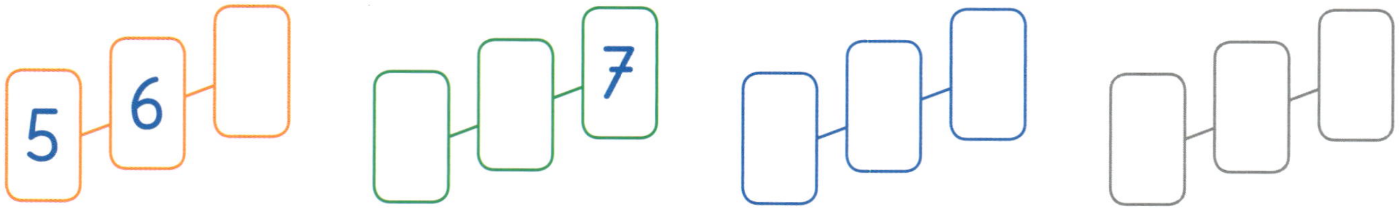

5 6

7

Größen und Messen: Längen messen, körperbezogene Maßeinheiten
1) Partnerübung: Kinder messen mit Handbreiten die Länge der Körperteile eines anderen Kindes ab. Im Klassenkreis sprechen sie über ihre Ergebnisse. „Wie lang ist das längste Bein, wie lang das kürzeste?", „Kommt immer das gleiche heraus?"

5. Messen mit Händen und Füßen

1 Miss die Gegenstände mit deinen Händen ab.
Stelle deine Ergebnisse vor.

Länge,
Handbreite,
Fingerbreite,
am längsten,
am kürzesten

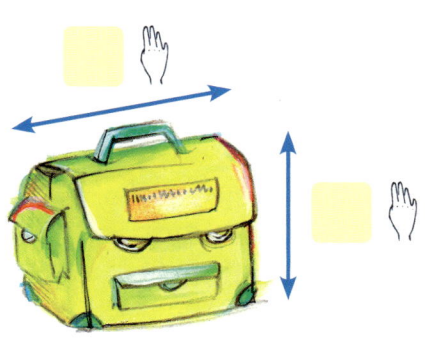
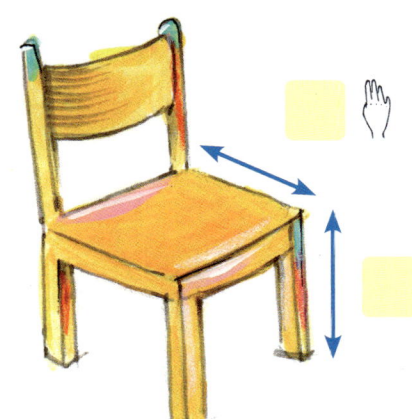

2 Miss mit dem Zeigefinger.

3 Baue eine Schlange aus 10 Büroklammern.
Miss damit Gegenstände ab.

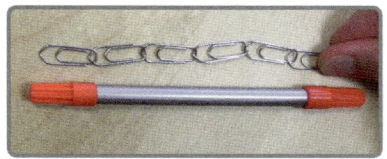

Größen und Messen: Längen messen, körperbezogene Maßeinheiten
2) Die Kinder messen mit Fingerbreiten. Unterschiedliche Messergebnisse sind möglich. Auf- und Abrunden auf ganze Fingerbreiten ist sinnvoll.
3) **TIPP** Klassenaktivität: Suchen und Messen ▶ LH Sprechweise: „Der Filzstift ist 6 Klammern lang."

5. Messen mit Händen und Füßen

1 Wie weit fliegt dein Papierflugzeug? Miss nach.

1 m = 1 Meter

Meter,
Meterstab,
Maßband

2 Kreuze an, was länger als 1 Meter ist.

3 Finde Dinge, die etwa einen Meter lang sind!

Bleib in Form!

4 Schreibe die Zahlenmuster weiter.

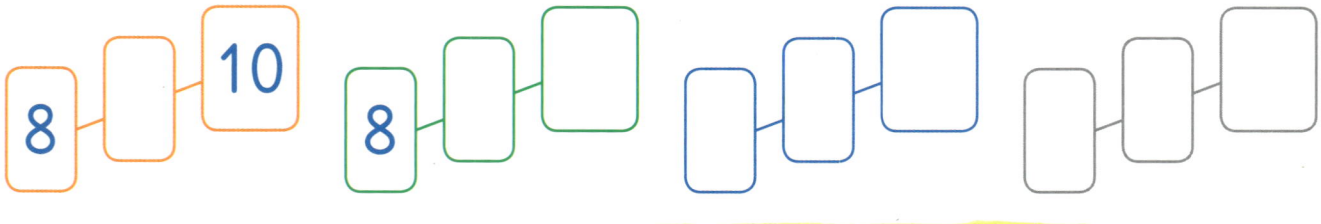

8 ☐ 10   8 ☐ ☐   ☐ ☐ ☐   ☐ ☐ ☐

Größen und Messen: Längen messen, Meter
1) **TIPP** Flugwettbewerb: Die Kinder bauen und werfen Papierflieger. Sie messen mit dem Meterstab, wie weit die Papierflieger geflogen sind. Auf- oder Abrunden auf ganze Meter ist sinnvoll. ▶ LH

1 Welche Zahlen öffnen den Geldschrank?

2 Nummeriere die Läufer.

1.

3 Stellt euch der Größe nach auf.
An wievielter Stelle stehst du?

Zahlen in unterschiedlichen Kontexten: Ordinalzahlen
1) **TIPP** Die Lösungszahlen werden durch Ordinalzahlen bezeichnet. Abenteuergeschichte ▶ LH
3) **TIPP** Das Anstellen kann in der Klasse nachgespielt werden. Weitere Fragen: Bei welchen Gelegenheiten muss man sich anstellen? In welchen Anordnungen stellt man sich an?

25

6. Geheimzahlen finden

1 Schreibe die Zahl.

0

2 Spiel: „Null! Der Sack ist leer!"

Gib mir drei Murmeln.

3 Finde Zahlen. Was bedeuten sie?

Konrads Werkstatt
Öffnungszeiten:
Mo – Do   7 – 17 Uhr
Fr   7 – 12 Uhr

06812/215 552

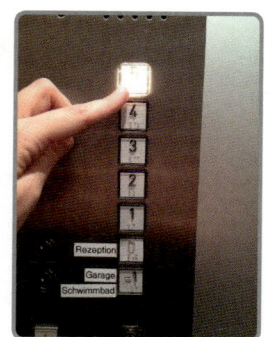

4 Finde Zahlen im Straßenverkehr. Was bedeuten sie?

Zahl,
Nummer

Bleib in Form!

5 Auf einen Blick: Schreibe die Zahlen.

7

Die Null, Zahlen in unterschiedlichen Kontexten
2) In einem blickdichten Sack befindet sich eine Anzahl Murmeln. Jedes Kind nennt reihum eine Zahl zwischen 1 und 10. Es erhält die entsprechende Anzahl Murmeln.
Wenn nicht genug Murmeln im Sack sind, kommt das nächste Kind an die Reihe. Wenn der Sack leer ist, ruft der Spielleiter: „Null. Der Sack ist leer!"
3) 4) **TIPP** Die Kinder suchen weitere Zahlen in der Klasse und in ihrer Umgebung. Gespräch im Klassenkreis: „Was bedeuten die Zahlen?" ▶ LH

6. Geheimzahlen finden

1 Ergänze die fehlenden Zahlen im Zahlenband.

| 0 | 1 | | | | | | |

2 Ergänze die Zahlenbänder.

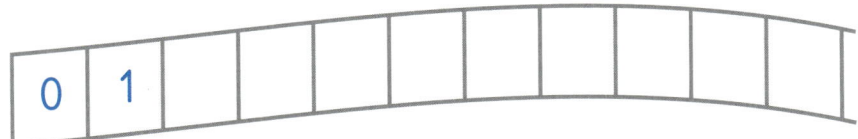

| | 8 | |

| | 7 | | |

| 4 | 5 | |

| | | 5 |

| | 6 | |

| | 1 | 3 |

3 Gestalte ein eigenes Zahlenband.

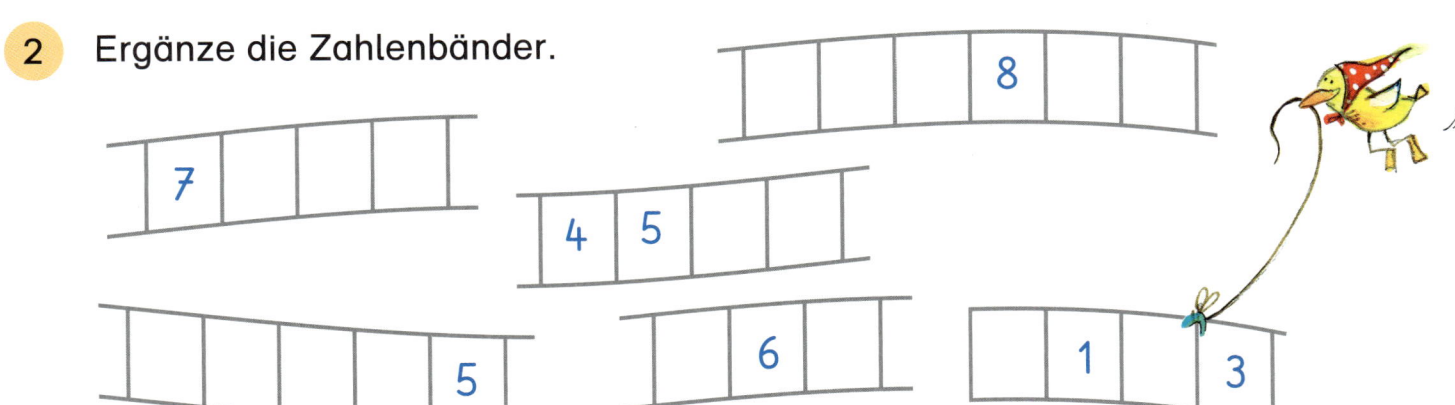

4 Wähle eine Zahl und finde ihre Nachbarzahlen.

Ich wähle die Zahl 3. Die Nachbarzahlen sind 2 und 4.

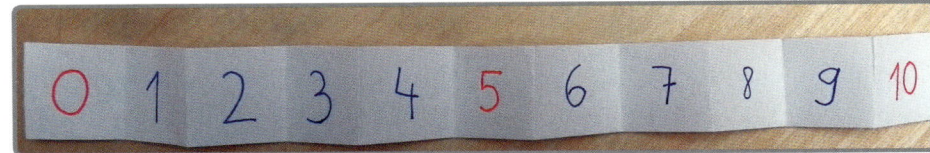

Nachbarzahlen von 5:

| 4 | 5 | 6 |

Vorgänger   Nachfolger

5 Wähle eine Zahl und zähle von ihr aus vorwärts oder rückwärts.

5, 4, 3, …

8, 7, 6, …

0, 1, 2, …

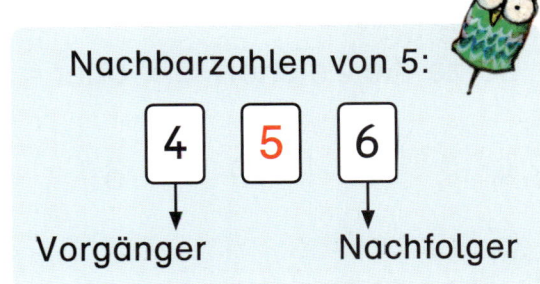

Aufbau der natürlichen Zahlen: Nachbarzahlen, Vorgänger, Nachfolger
3) 4) 5) **TIPP** Weitere Anregungen und Spiele ▶ **LH**

27

6. Geheimzahlen finden

1 Male die Zeichen <, > und = an.

kleiner als

gleich groß wie

größer als

2 Schreibe.

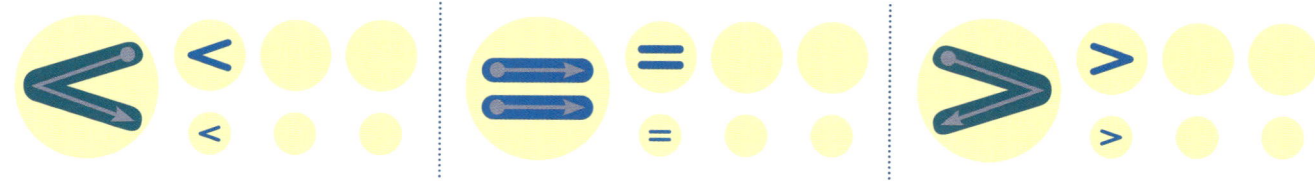

3 Setze die Zeichen <, > oder = richtig ein.

4 Setze die Zeichen <, > oder = richtig ein.

5 Setze die Zeichen <, > oder = richtig ein.

4 ⬤ 6 ┊ 10 ⬤ 3 ┊ 6 ⬤ 2 ┊ 0 ⬤ 10

< kleiner als
= gleich groß wie
> größer als

Bleib in Form!

6 Auf einen Blick: Schreibe die Zahlen.

Zahlbeziehungen: größer als, kleiner als, gleich

28

1 Bilde aus den Luftballons so viele Gruppen wie möglich und beschreibe sie.

2 Was passt nicht dazu? Warum passt es nicht dazu? Erkläre.

3 Zähle rückwärts.

10, 9, 8, …

4 Ergänze die fehlenden Zahlen.

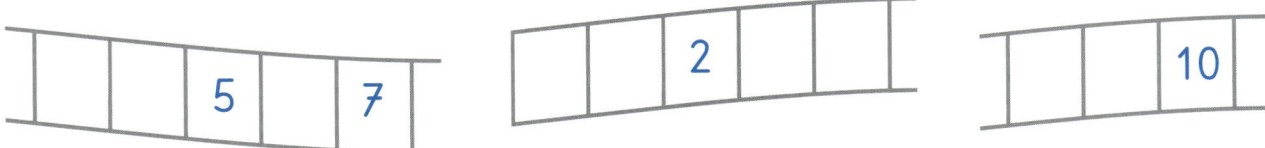

1 Beschreibe die Bilder.

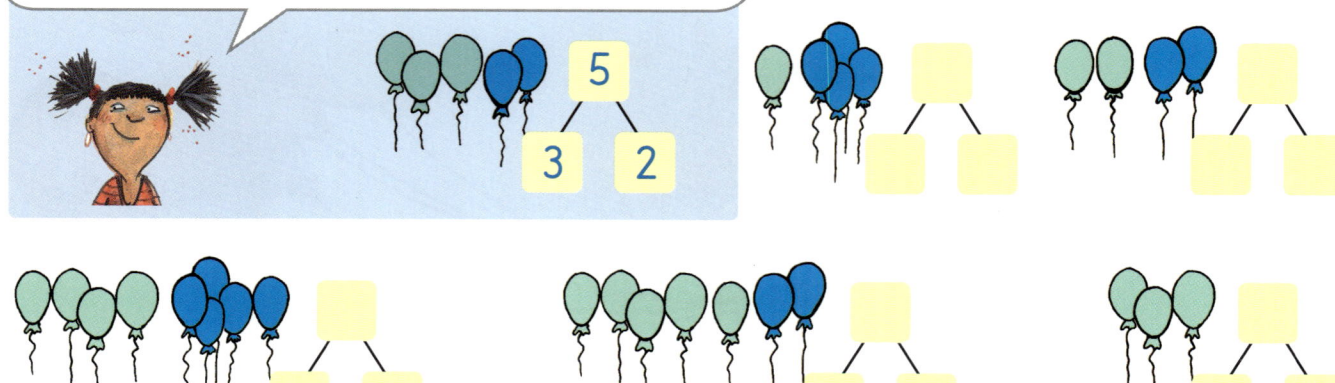

> Das sind 5 Ballons. 3 sind grün. 2 sind blau.

5
3 2

2 Finde möglichst viele verschiedene Beschreibungen für dieses Bild.
Vergleiche deine Ergebnisse mit anderen Kindern.

⭐

> Es sind 5 Kinder. 2 sitzen hinten.
> 3 sitzen vorne.

5
2 3

3 Schreibe die Zahlen.

4 Lege die Zahlen von 1 bis 10 auf dem Zehnerfeld.

Bleib in Form!

5 Schreibe die Nachbarzahlen.

3 [4] [ ]   [7] [ ]   [ ] [1] [ ]   [ ] [9] [ ]

Wiederholung: Zahlzerlegungen, Nachbarzahlen

7. Das kann ich schon!

1 Miss mit deinem Zeigefinger.

2 Ordne die Schmetterlinge nach ihrer Größe. Nummeriere sie.

1.

3 Setze <, > oder = richtig ein.

Der rote Stiefel ist kleiner als der grüne Stiefel.

4 Setze <, > oder = richtig ein.

10		7	8		8	2		1	5		3	4		9
2		2	6		5	0		8	4		4	10		3
1		3	5		6	3		3	2		8	9		7

Knobelaufgabe

⭐ Überlege, wie du die Knobelaufgabe lösen kannst.
Sprich mit anderen Kindern darüber.

1 Bei einem Spiel werden immer 3 Würfel geworfen.
Finde heraus, was man würfeln muss, damit man gewinnt.

Beispiele für
gewonnene Spiele

Beispiele für
verlorene Spiele

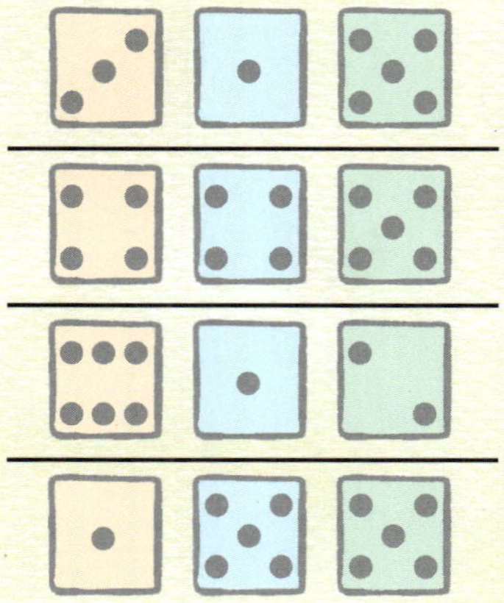

Ergänze die Würfelbilder so,
dass man damit gewinnt.

Goldene Regeln beim Rätsellösen:
- Wer nichts probiert, lernt auch nichts.
- Fehler machen ist strengstens erlaubt.
- Je mehr Ideen es gibt, desto besser.

Knobelaufgabe: Die Kinder finden heraus, welche Eigenschaften die Würfelbilder haben, die zum Spielgewinn führen. Sie verwenden ihre Erkenntnis zum Finden weiterer Beispiele. **TIPP** Weitere Anregungen zum Problemlösen ▶ LH

8. Zusammenrechnen

1 Jedes Kind sammelt ganz besondere Edelsteine.
Sie freuen sich über neue Steine.

> Plusrechnung,
> + plus,
> = ist gleich

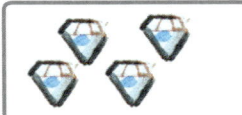

4 Diamanten
liegen auf der Decke.

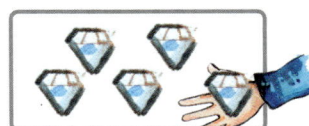

1 Diamant
kommt dazu.

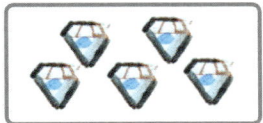

Jetzt sind es 5.

4 + 1 =

Finde die Plusrechnungen zu den anderen Edelsteinen.

 6 +

2 Es kommt etwas dazu: lege, erzähle und rechne.

3 + 1

3 Pfirsiche liegen
in der Schüssel.

1 gebe ich dazu.

Jetzt sind es 4.

3 + 1 = 4

2 + 3   4 + 4   5 + 2   7 + 3   4 + 5

Plusrechnung als Hinzufügen zu einer Menge
1) Abenteuergeschichte ▶ LH
2) TIPP Weitere Beispiele für Plusrechnungen in der Klasse durchspielen.

33

8. Zusammenrechnen

1 Finde Plusrechnungen zu diesen Bildern.

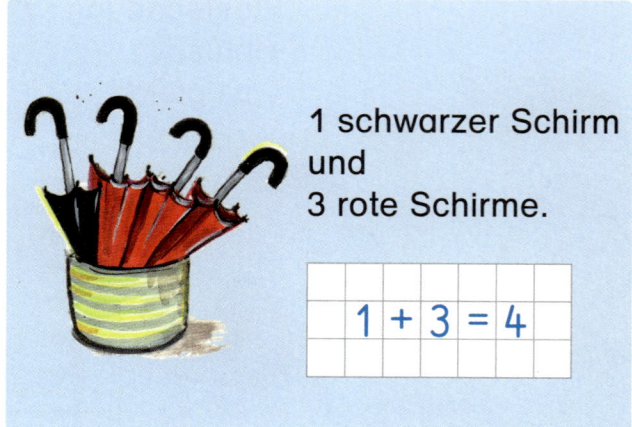

1 schwarzer Schirm und
3 rote Schirme.

1 + 3 = 4

2 Finde Plusrechnungen zu diesen Bildern.

3 Finde Plusrechnungen zu den Dominosteinen.

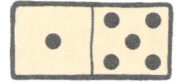

Schreibkurs

4 Schreibe.

Plusrechnung als Zusammenfügen von Mengen
1) 2) Verschiedene Lösungen sind möglich. Die Kinder erklären ihre Lösungen.

8. Zusammenrechnen

1 Finde Plusrechnungen zu den Punktbildern.

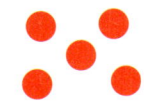  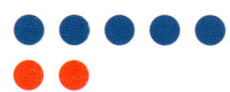 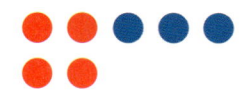

2 + 5 =

2 Zeichne Punktbilder zu den Rechnungen und löse sie.

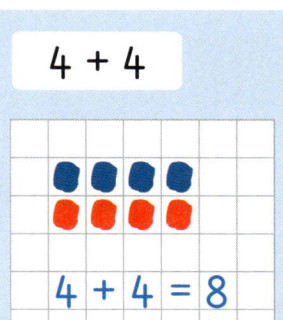

4 + 4

4 + 4 = 8

5 + 3	7 + 2	6 + 4	3 + 0
2 + 2	3 + 3	9 + 1	7 + 3
1 + 8	4 + 6	2 + 3	5 + 5
5 + 5	1 + 3	4 + 5	3 + 4

3 Schreibe die Rechnungen.

 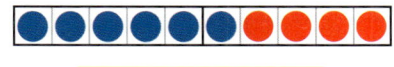 

4 + 3 =

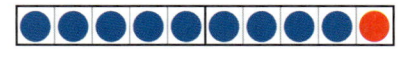 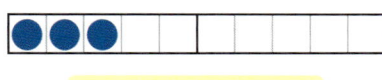 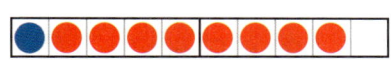

4 Lege die Aufgaben und ihre Nachbaraufgaben.

3 + 3 = ☐

3 + 4 = ☐

Nachbaraufgabe

4 + 4 = ☐   5 + 2 = ☐   2 + 2 = ☐   5 + 5 = ☐
4 + 5 = ☐   5 + 3 = ☐   2 + 3 = ☐   5 + 4 = ☐
4 + 6 = ☐   5 + 4 = ☐   2 + 4 = ☐   5 + 3 = ☐

Plusrechnung und Mengendarstellung, Nachbaraufgabe
4) **TIPP** Erklärung des Begriffs Nachbaraufgabe. Finden weiterer Nachbaraufgaben.

35

8. Zusammenrechnen

1 Finde die Plusrechnungen und ihre Tauschaufgaben.
Warum bleibt das Ergebnis gleich?

Tauschaufgabe

 $5 + 1 = 6$

$1 +$

2 Rechne und bilde die Tauschaufgabe.
Welche Rechnung fällt dir leichter?
Kreuze an.

$1 + 7 = 8$

$7 + 1 = 8$ ☒

$5 + 4 =$

$2 + 5 =$

$1 + 9 =$

$6 + 4 =$

$3 + 5 =$

$8 + 1 =$

$6 + 2 =$

3 Spiel: Zahlen wegwürfeln

Schreibe die Zahlen
von 5 bis 10.

Wirf zwei Würfel.
Rechne die Punkte zusammen.
Streiche die erreichte Zahl
durch.

Wer zuerst seine Zahlen
durchgestrichen hat, gewinnt.

Bleib in Form!

4 Ergänze die Zahlen in den Zahlenbändern.

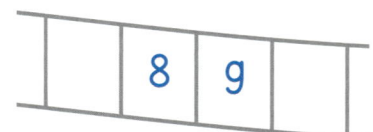

8 9

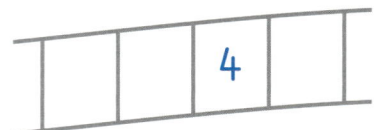

4

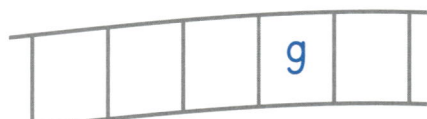

9

Plusrechnung: Tauschaufgaben
2) Rechenkonferenz: Die Kinder sollen begründen, warum manchmal die Tauschaufgabe leichter zu rechnen ist.

9. Wegrechnen

1 Jedes Kind muss einen Edelstein abgeben. Finde die Minusrechnungen.
Rechne aus, wie viele Steine jedem Kind bleiben.

Minusrechnung,
– minus

$9 - 1 = 8$

2 Es kommt etwas weg: lege, erzähle und rechne.

$5 - 2$

5 Birnen liegen
in der Schachtel.

2 nehme ich weg.

Es bleiben 3.

$5 - 2 = 3$

$5 - 4$ $8 - 3$ $6 - 2$ $10 - 4$ $9 - 5$

Minusrechnung als Abziehen von einer Menge
1) Abenteuergeschichte ▶LH
2) **TIPP** Weitere Beispiele für Minusrechnungen in der Klasse durchspielen.

9. Wegrechnen

1 Wer hat mehr? Berechne den Unterschied.

Unterschied

6 – 4 = 2

Petra hat 6 Bonbons.
Tim hat 4 Bonbons.
Petra hat 2 mehr.

2 Spiel: Plättchen wegnehmen

Jedes Kind bekommt 10 Plättchen und einen Würfel.

Jedes Kind würfelt. Wer mehr Punkte hat, darf Plättchen von dem anderen Kind nehmen, und zwar so viele, wie der Unterschied der gewürfelten Zahlen beträgt. Bei gleicher Würfelzahl passiert nichts.

Sobald ein Kind keine Plättchen mehr hat, endet das Spiel.

4 – 1 = 3
Ich darf 3 Plättchen von dir nehmen.

Bleib in Form!

3 Setze <, > oder = richtig ein.

7 ◯ 4	8 ◯ 9	10 ◯ 1	5 ◯ 5	2 ◯ 1
2 ◯ 2	5 ◯ 3	8 ◯ 9	6 ◯ 3	9 ◯ 4

Minusrechnung: Bestimmen der Differenz
1) TIPP Weitere Beispiele in der Klasse durchspielen.

9. Wegrechnen

1 Zeichne Punktbilder zu den Rechnungen und löse sie.

6 – 2

6 – 2 = 4

4 – 3	10 – 4	8 – 2	8 – 4
6 – 1	4 – 2	5 – 5	6 – 5
8 – 5	5 – 4	3 – 1	10 – 9
3 – 3	10 – 5	9 – 6	7 – 2

2 Schreibe die Rechnungen.

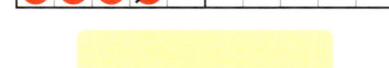

5 – 2 =

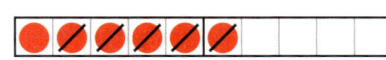

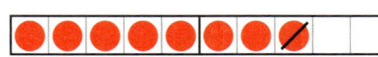

3 Lege die Aufgaben und ihre Nachbaraufgaben.

8 – 3 =

8 – 4 =

Nachbaraufgabe

7 – 2 =	9 – 4 =	10 – 5 =	6 – 1 =
7 – 3 =	9 – 5 =	10 – 6 =	6 – 2 =

4 Rechne.

2 – 2 =	8 – 3 =	9 – 2 =	7 – 4 =
5 – 1 =	6 – 3 =	6 – 5 =	10 – 1 =

Minusrechnung und Mengendarstellung, Nachbaraufgaben

9. Wegrechnen

1 Finde eine Plusrechnung und eine Minusrechnung. Was fällt dir auf?

5 + ☐ = ☐

☐ – ☐ = ☐

2 Finde Rechnungen zu den Punktbildern.

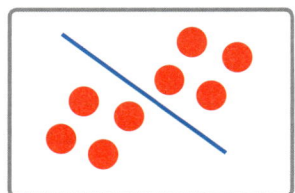

$4 +$ ☐ $=$ ☐

$8 -$ ☐ $=$ ☐

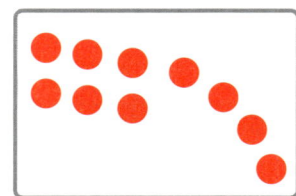

☐ $+$ ☐ $=$ ☐

☐ $-$ ☐ $=$ ☐

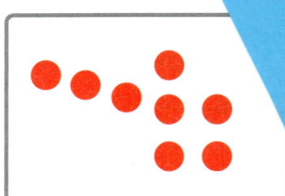

☐ $+$ ☐ $=$ ☐

☐ $-$ ☐ $=$ ☐

3 Schreibe zu jedem Bild zwei Rechnungen.

Umkehraufgabe

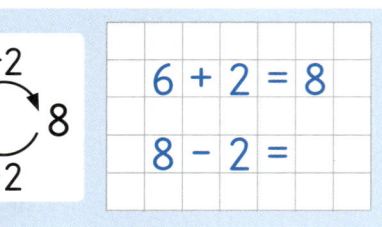

$6 + 2 = 8$

$8 - 2 =$

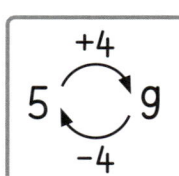

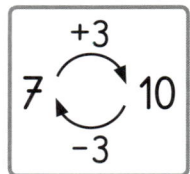

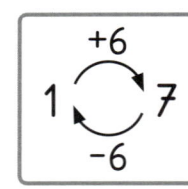

4 Rechne und bilde die Umkehraufgabe.

$10 - 2$

$10 - 2 = 8$

$8 + 2 = 10$

$5 - 1$	$6 - 3$	$10 - 1$	$8 - 7$
$9 - 4$	$4 - 1$	$9 - 1$	$4 - 2$

Bleib in Form!

5 Setze <, > oder = richtig ein.

4 ◯ 2 10 ◯ 6 6 ◯ 6 5 ◯ 10 8 ◯ 6

3 ◯ 3 8 ◯ 7 1 ◯ 9 3 ◯ 1 4 ◯ 7

10. Figuren gestalten

1 Beschreibe die Monster.

2 Zähle die Kreise, Dreiecke und Vierecke in den Bildern.

○	Kreis, rund
△	Dreieck, dreieckig
☐	Viereck, viereckig

☐ ○ Kreise
☐ △ Dreiecke
☐ ☐ Vierecke

3 ○ Kreise
☐ △ Dreiecke
☐ ☐ Vierecke

3 Gestalte ein Monster und beschreibe es.

Schreibe eine Tabelle mit den Figuren, die du verwendet hast.

Einfache geometrische Figuren
1) Beispiel: „Mein Monster hat einen viereckigen Kopf. Die Augen sind blaue Kreise." Abenteuergeschichte ▶ LH
3) Die Kinder verwenden die geometrischen Figuren aus den Stanzvorlagen.

41

10. Figuren gestalten

1 Lege diese Figuren nach.

2 Zeichne selbst Vorlagen für Figuren und tausche sie mit einem anderen Kind. Legt die Figuren nach.

3 Wie viele Ecken und Seiten haben diese Figuren?

	Dreieck	Rechteck	Quadrat
Ecken			
Seiten			

☐ Rechteck, rechteckig
☐ Quadrat, quadratisch
Ecke, Seite

4 Beschreibe eine Figur.

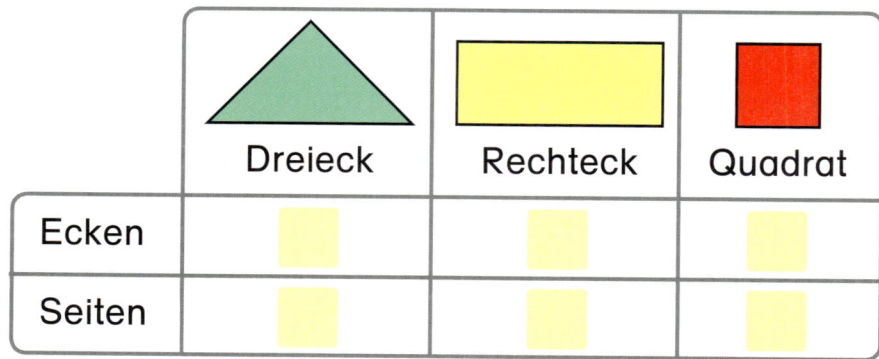

Meine Figur ist ein Rechteck.
Sie hat vier Ecken und vier Seiten.

Bleib in Form!

5 Rechne und bilde die Tauschaufgabe.

$5 + 3 = 8$ $1 + 6 =$ $7 + 2 =$ $4 + 6 =$
$3 + 5 =$

Eigenschaften geometrischer Figuren, Ecke, Seite
2) Partnerarbeit: Ein Kind legt eine Figur und zeichnet die Umrisse nach. Das andere Kind versucht, die Figur nachzulegen. Rollenwechsel.
42
4) TIPP Lied „Mein rechter Platz ist frei" ▶ LH

10. Figuren gestalten

1 Welche Formen entdeckst du?

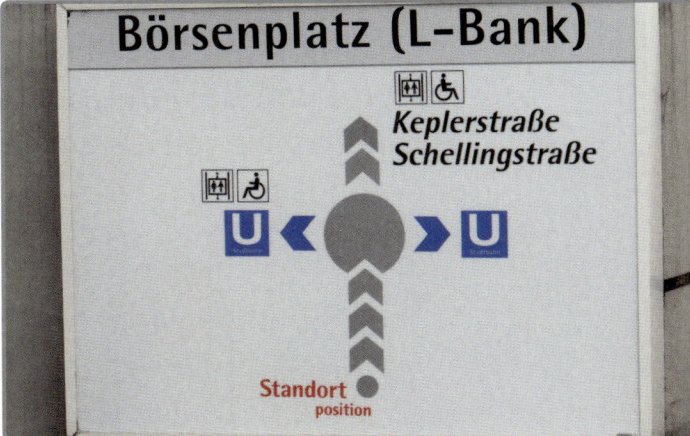

2 Welche Formen entdeckst du in diesen Kunstwerken?

Glasmalerei Frau, 1917
Theo van Doesburg

Burg und Sonne, 1928
Paul Klee

Gestalten mit geometrischen Figuren: Alltagsgegenstände, Bauwerke und Kunstwerke
1) **TIPP** Die Kinder suchen Bauwerke oder Gegenstände, in denen geometrische Figuren vorkommen und fotografieren sie.
2) **TIPP** Künstlerisches Gestalten mit geometrischen Figuren ▶ LH

10. Figuren gestalten

1 Aus einem Rechteck kannst du ein Quadrat machen.
Beschreibe den Unterschied zwischen dem Rechteck und dem Quadrat.

| 1. Falten | 2. Falten | 3. Aufklappen | 4. Abschneiden |

 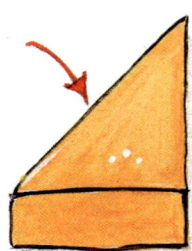   

2 Du brauchst ein zweites, gleich großes Quadrat. Teile es in zwei gleich große Dreiecke.

ein Quadrat   zwei Dreiecke

3 Lege eine Figur aus deinem Quadrat und deinen Dreiecken. Vergleiche sie mit einem anderen Kind.

4 Kadir hat sein Quadrat zweimal gefaltet.
Wie viele Dreiecke findest du in seinem Quadrat?

| 1. Falten | 2. Aufklappen | 3. Falten | 4. Aufklappen |

Bleib in Form!

5 Rechne und bilde die Umkehraufgabe.

| $6 + 1 = 7$ | $5 + 3 =$ | $2 + 5 =$ | $9 + 1 =$ |
| $7 - 1 = 6$ | | | |

Herstellen ebener Figuren, Falten
4) Achtung: Es gibt kleine und große Dreiecke.

44

11. Wie viel fehlt?

1 Finde zu diesem Bild verschiedene Plus- und Minusaufgaben.

> 5 Bananen waren da, eine habe ich aufgegessen.

2 Finde zu jedem Bild eine Plusaufgabe und eine Minusaufgabe.

Rechengeschichten finden
1) Partnerarbeit: Die Kinder denken sich Rechengeschichten zu Gegenständen auf dem Bild aus, lösen die Aufgaben und formulieren eine Antwort. Abenteuergeschichte ▶LH
2) Die Kinder erklären ihre Rechnungen und den Zusammenhang zwischen der Plus- und der Minusrechnung.

45

11. Wie viel fehlt?

1 Ergänze die Rechnungen.

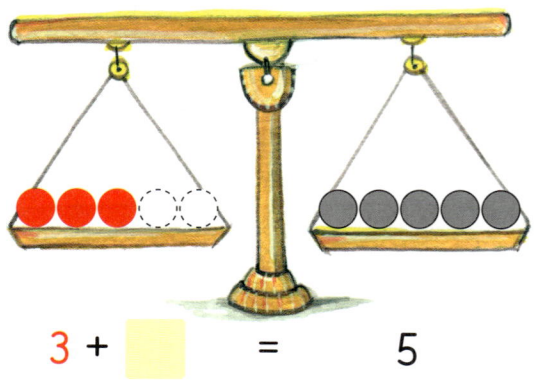

3 + ☐ = 5

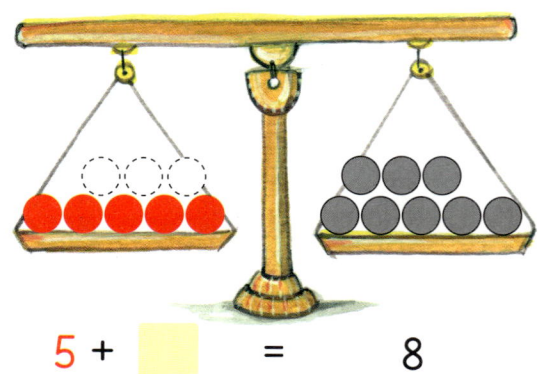

5 + ☐ = 8

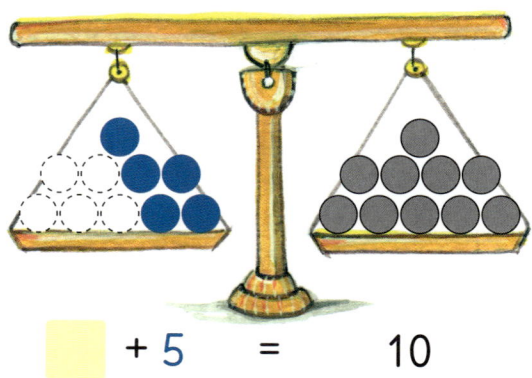

... plus wie viel ist ...,
Ergänzungsaufgabe

☐ + 5 = 10

Wie rechnest du?
Vergleiche deinen Rechenweg
mit anderen Kindern.

2 Ergänze immer auf die Zahlen im Dach der Zahlenhäuser.

7
6 + 1
+
+

10
2 + 8
5 +
+ 4
1 +

10
7 +
9 +
+ 6
+ 3

10
+ 5
3 +
+ 0
+

 **Bleib in Form!**

3 Auf einen Blick: Schreibe die Zahlen.

Ergänzungsaufgaben
1) Sprechweise: „3 plus wie viel ist gleich 5? 3 plus 2 ist gleich 5." Die Kinder vergleichen ihre Rechenstrategien.
2) TIPP Begriff Zahlenhaus einführen.

11. Wie viel fehlt?

1 Wie viele Stifte fehlen? Finde die Ergänzungsrechnungen.

4 plus
wie viel ist 10?
4 plus 6 ist 10.

$4 + \boxed{} = 10$

$1 + \boxed{} = 10$

$2 + \boxed{} = 10$

2 Ergänze die Rechnungen.

$5 + \boxed{} = 10$ $6 + \boxed{} = 10$ $\boxed{} + 2 = 4$ $\boxed{} + 1 = 8$

$4 + \boxed{} = 9$ $1 + \boxed{} = 10$ $\boxed{} + 5 = 8$ $\boxed{} + 4 = 6$

3 Ergänze die Rechnungen.

$4 - \boxed{} = 3$ $10 - \boxed{} = 8$ $7 - \boxed{} = 5$

$6 - \boxed{} = 3$ $7 - \boxed{} = 4$ $8 - \boxed{} = 1$

Wie rechnest du?
Vergleiche deinen
Rechenweg mit
anderen Kindern.

4 Ergänze die Rechnungen.

$\boxed{} - 5 = 2$ $\boxed{} - 3 = 6$ $\boxed{} - 6 = 1$

$\boxed{} - 5 = 5$ $\boxed{} - 7 = 2$ $\boxed{} - 3 = 2$

5 Ergänze die Zahlen in den Zahlenhäusern.

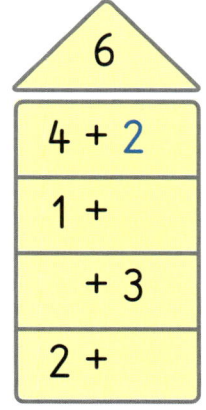

6
4 + 2
1 +
+ 3
2 +

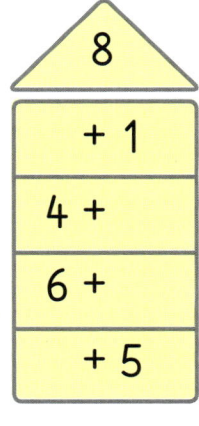

7
2 +
+ 6
+ 4
5 +

8
+ 1
4 +
6 +
+ 5

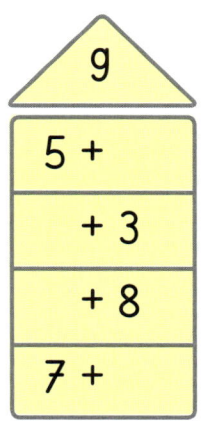

9
5 +
+ 3
+ 8
7 +

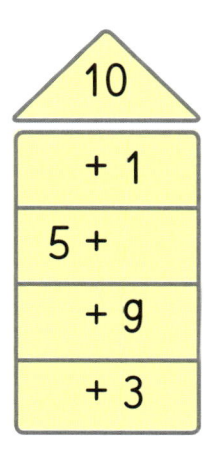

10
+ 1
5 +
+ 9
+ 3

Ergänzung in Plus- und Minusaufgaben

11. Wie viel fehlt?

1 Rechne und ergänze die fehlenden Rechnungen.
Erkläre, wie du die fehlenden Rechnungen gefunden hast.

5 + 1 = 6
5 + 2 = 7
5 + 3 =
5 + 4 =

Die erste Zahl bleibt immer gleich.

Die zweite Zahl wird immer um 1 größer.

Und das Ergebnis wird auch immer um 1 größer!

0 + 2 =	5 + 5 =	9 + 1 =	1 + 1 =
2 + 2 =	5 + 4 =	8 + 2 =	2 + 2 =
4 + 2 =	5 + 3 =	7 + 3 =	3 + 3 =
6 + 2 =	5 + 2 =	6 + 4 =	4 + 4 =

2 Rechne und ergänze die fehlenden Rechnungen.
Erkläre, wie du die fehlenden Rechnungen gefunden hast.

10 − 1 =	10 − 9 =	5 − 1 =	10 − 5 =
10 − 2 =	10 − 8 =	6 − 2 =	8 − 4 =
10 − 3 =	10 − 7 =	7 − 3 =	6 − 3 =
10 − 4 =	10 − 6 =	8 − 4 =	4 − 2 =
− =	− =	− =	− =

Bleib in Form!

3 Auf einen Blick: Schreibe die Zahlen.

 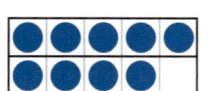 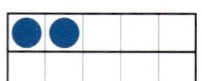  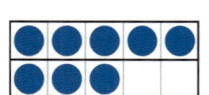 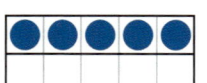

Muster in Rechenpaketen
1) Die Kinder suchen nach Mustern in Rechenpaketen und beschreiben sie.
2) Die gefundenen Muster werden für die Ergänzung verwendet.

12. Auf dem Zahlenweg

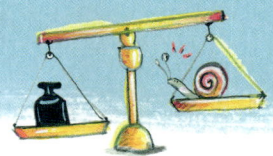

1 Das Tor lässt sich nur öffnen,
wenn die Kinder auf den richtigen Steinen stehen.

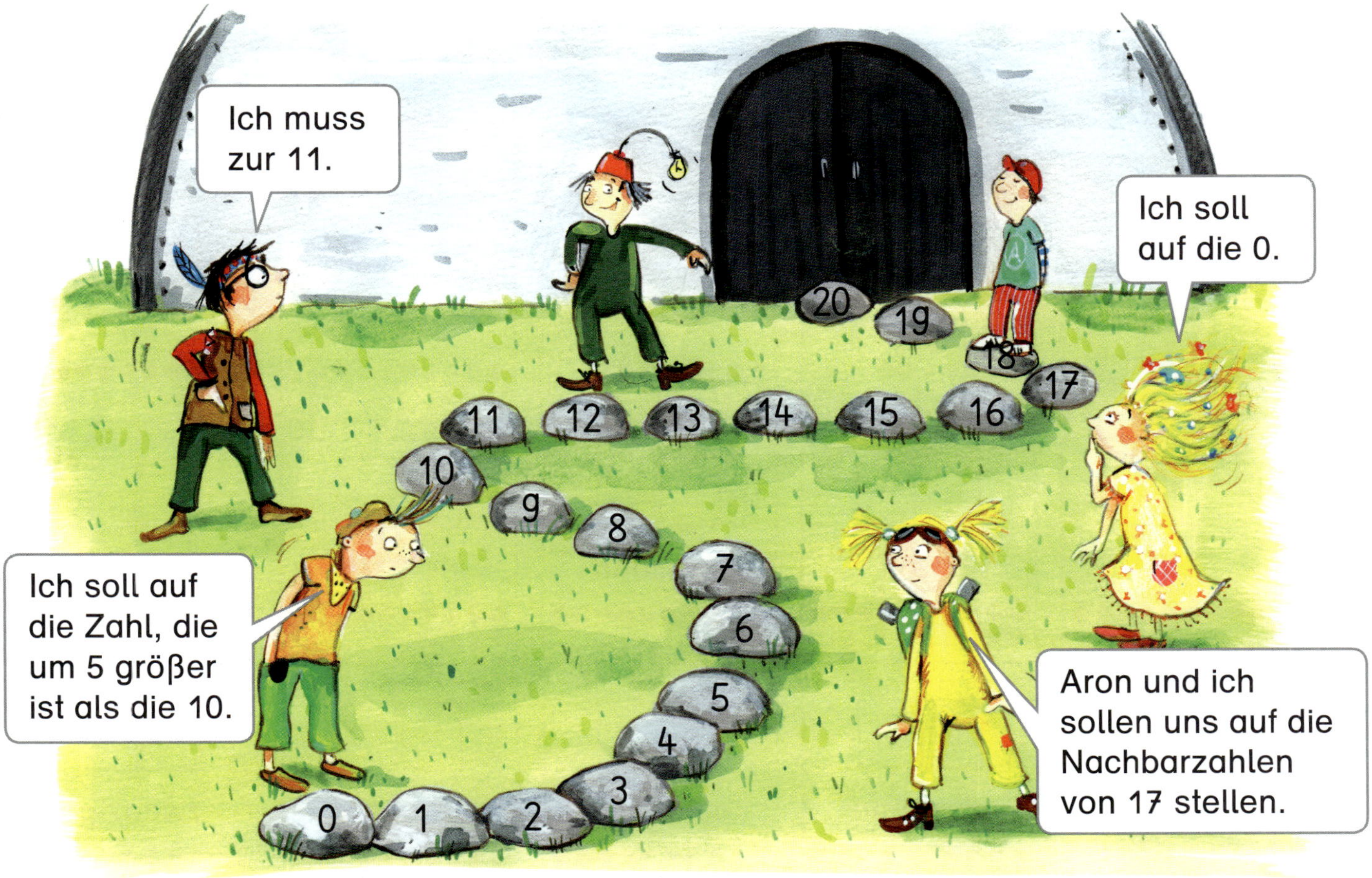

Ich muss zur 11.
Ich soll auf die 0.
Ich soll auf die Zahl, die um 5 größer ist als die 10.
Aron und ich sollen uns auf die Nachbarzahlen von 17 stellen.
0
1
2
3
4
5
6
7
8
9
10
11
12
13
14
15
16
17
18
19
20

2 Ergänze die fehlenden Zahlen im Zahlenband.

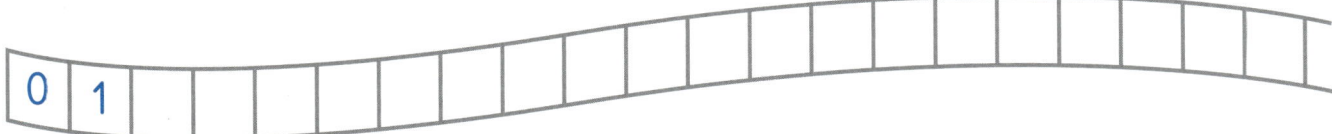

0
1

3 Spiel: Zahlen raten

Ein Kind denkt sich eine Zahl
zwischen 0 und 20.
Das andere Kind rät.
Wenn die Zahl erraten ist,
wechseln die Kinder die Rolle.

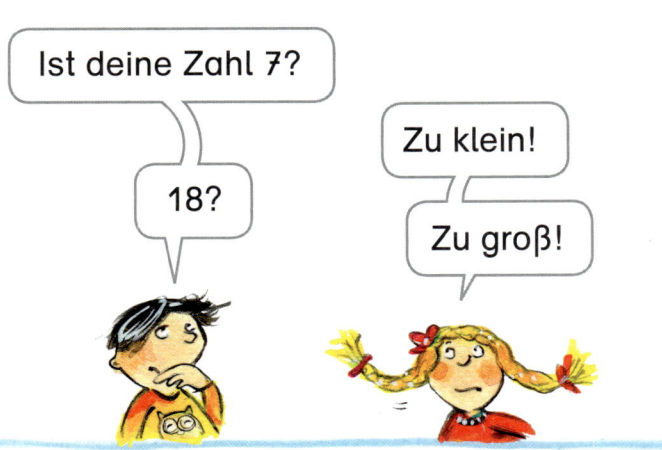

Ist deine Zahl 7?
18?
Zu klein!
Zu groß!

Erweiterung des Zahlenraums bis 20
1) Abenteuergeschichte ▶LH
3) TIPP Weiterführung: Die Kinder vergleichen ihre Ratestrategien. Gibt es eine Vorgangsweise, mit der man die Zahl schneller errät?

12. Auf dem Zahlenweg

1 Schreibe die Zahlen in die Kärtchen und sprich sie aus.

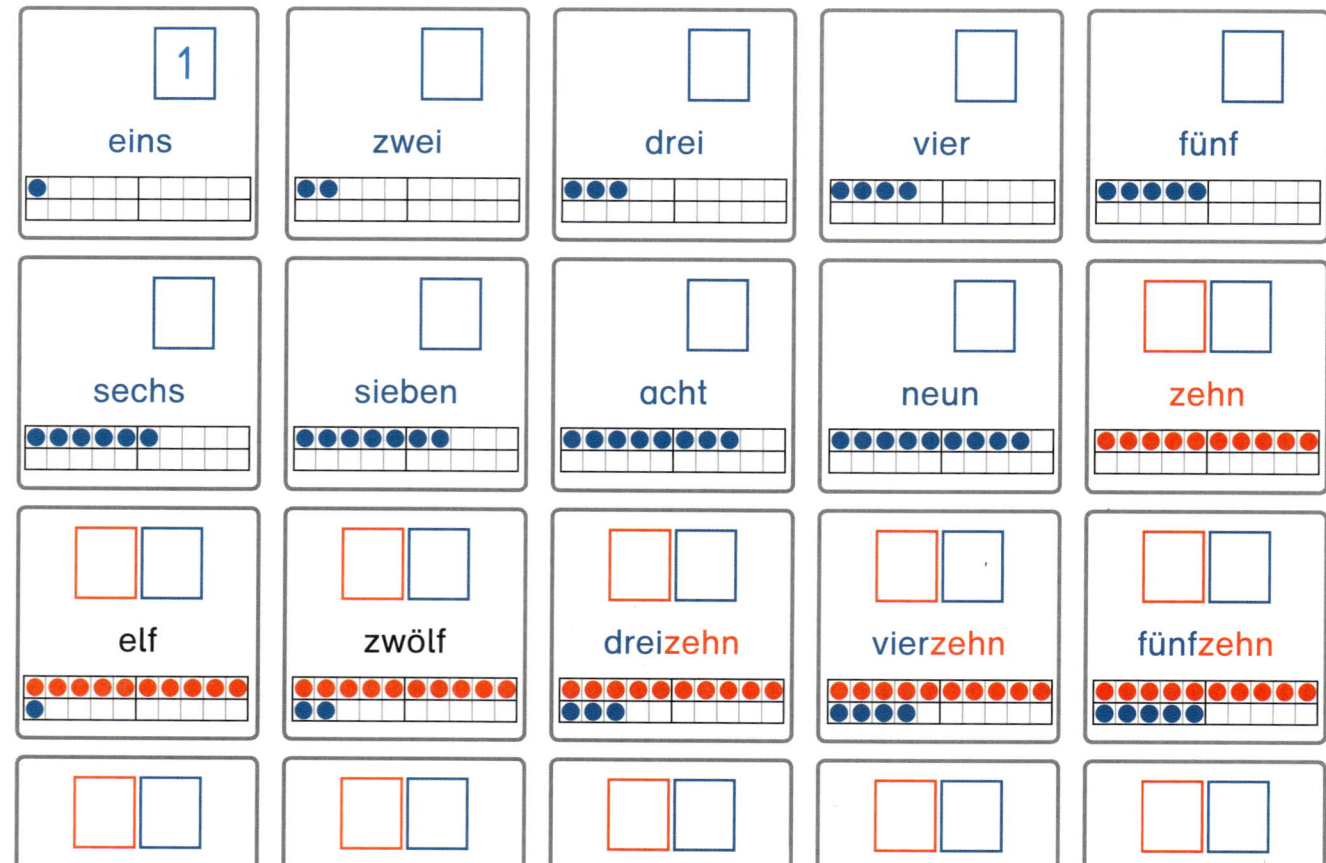

1 eins	zwei	drei	vier	fünf
sechs	sieben	acht	neun	zehn
elf	zwölf	dreizehn	vierzehn	fünfzehn
sechzehn	siebzehn	achtzehn	neunzehn	zwanzig

2 Vergleiche die Karten 4 und 14. Was fällt dir auf?

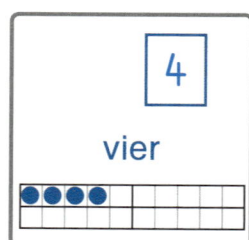

vier

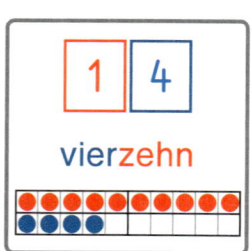

vierzehn

Schreibe die Zahlen
von links nach rechts:
Bei 14: erst 1 dann 4.

Bleib in Form!

3 Rechne.

5 + 2 = ☐   7 + 3 = ☐   3 + 3 = ☐   4 + 4 = ☐

2 + 2 = ☐   0 + 0 = ☐   5 + 4 = ☐   3 + 5 = ☐

Erweiterung des Zahlenraums bis 20
1) Kopiervorlagen für die Zahlenkarten ▶LH
2) Thematisieren der Sprechweise „fünfzehn" und der Schreibweise „zehn fünf"

12. Auf dem Zahlenweg

1 Wie viele sind das? Fasse immer 10 Würfel zusammen.

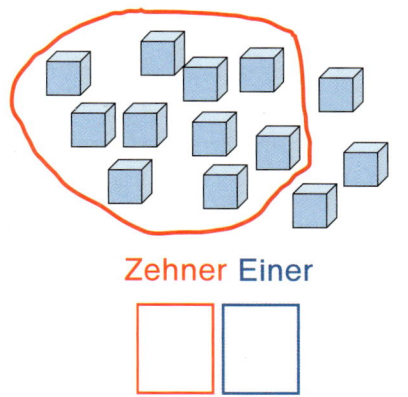

Zehner Einer

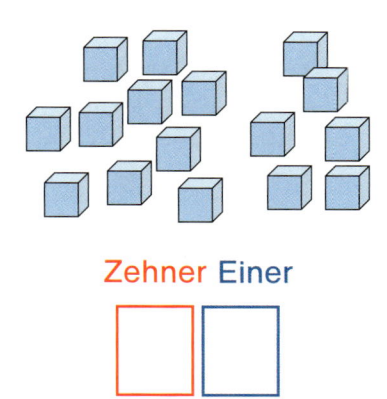

Zehner Einer

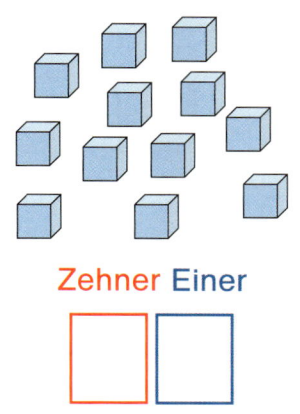

Zehner Einer

2 Wie viele sind das? Fasse immer 10 Plättchen zusammen.

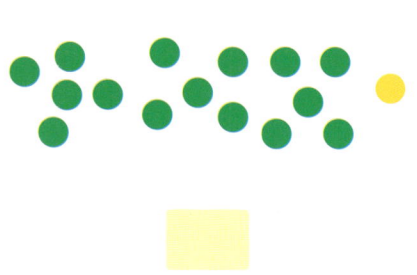

3 Wie viele Euro sind das? Fasse immer 10 Münzen zusammen.

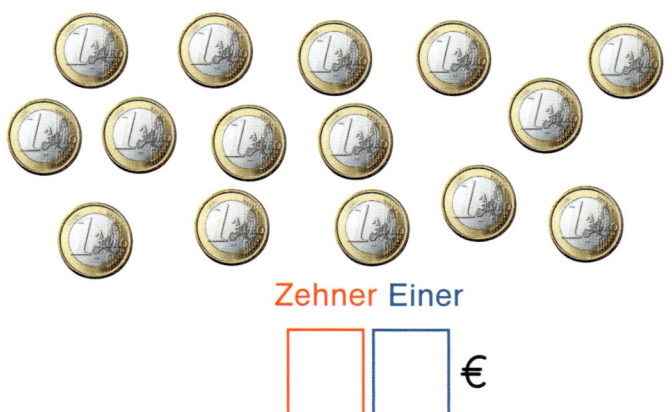

Zehner Einer

€

Zehner Einer

€

4 Wie viele Euro sind das?

€

€

€

Erweiterung des Zahlenraums: 10er-Bündelung; Größen: Euro
3) 4) Die Kinder verwenden zum Legen der Beträge das Spielgeld aus den Stanzvorlagen.
4) Differenzierung: auch 2-€-Münzen und 5-€-Scheine verwenden.

12. Auf dem Zahlenweg

1 Stelle die Zahlen im Zwanzigerfeld dar.
Vergleiche mit anderen Kindern.

13   19   12

16   14   15

2 Auf einen Blick: Schreibe die Zahlen.

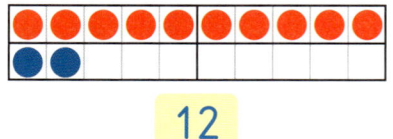
12

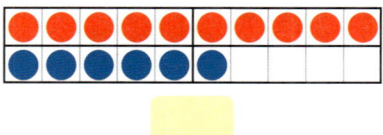

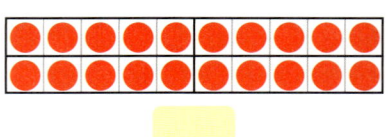

3 Finde die Nachbarzahlen mit dem Zwanzigerfeld.
Nimm ein Plättchen weg, lege ein Plättchen dazu.

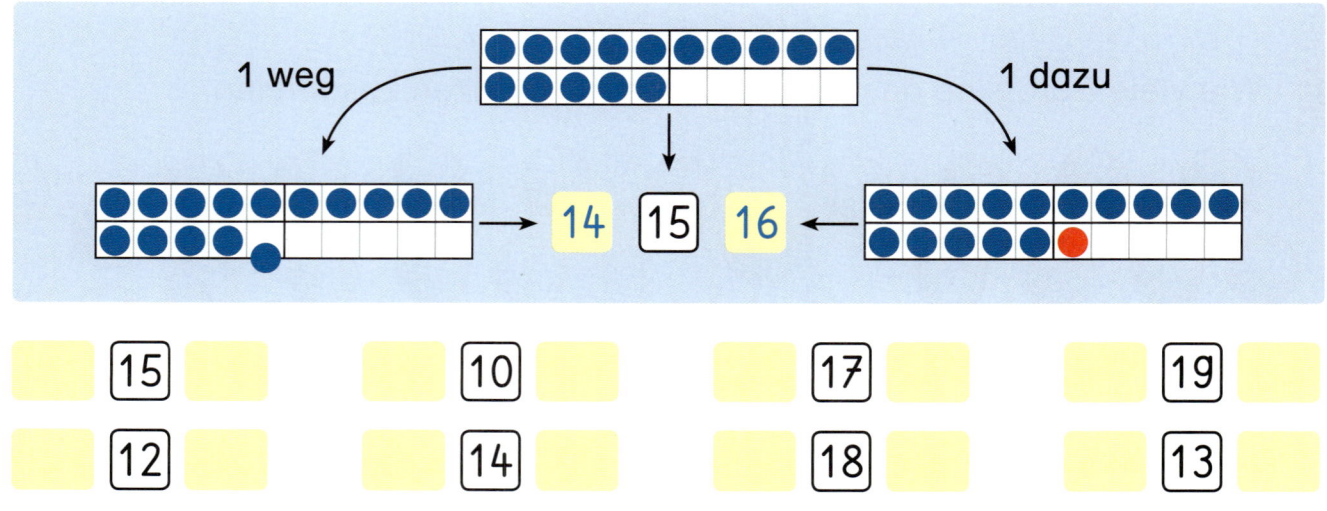

1 weg   14 15 16   1 dazu

15   10   17   19

12   14   18   13

Bleib in Form!

4 Rechne.

10 − 1 =   8 − 4 =   7 − 3 =   10 − 5 =

3 − 3 =   9 − 4 =   6 − 5 =   8 − 2 =

6 − 2 =   5 − 3 =   4 − 1 =   7 − 6 =

Zahlen im Zwanzigerfeld

13. Rätsel lösen

1 Löse das Rätsel. Für welche Zahlen stehen die Symbole?

$$\blacksquare + \blacksquare = 4 \qquad \blacktriangle + \blacksquare = 3$$

$$\blacktriangle + 1 = \blacksquare \qquad \blacktriangle + \bullet = 4$$

$$\blacksquare = \square \qquad \blacktriangle = \square \qquad \bullet = \square$$

Beschreibe, wie du die Lösung gefunden hast.
Vergleiche deine Ideen mit anderen Kindern.

2 Löse das Rätsel. Für welche Zahlen stehen die Symbole?

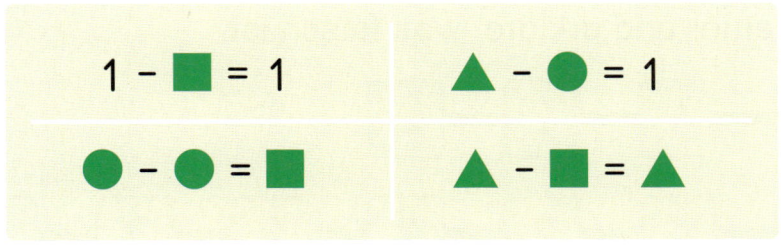

$$1 - \blacksquare = 1 \qquad \blacktriangle - \bullet = 1$$

$$\bullet - \bullet = \blacksquare \qquad \blacktriangle - \blacksquare = \blacktriangle$$

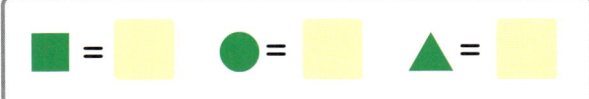

$$\blacksquare = \square \qquad \bullet = \square \qquad \blacktriangle = \square$$

Vielleicht sollte ich einfach eine Zahl ausprobieren …

3 Hans möchte drei Bilder nebeneinander an die Wand hängen. Auf wie viele verschiedene Arten kann er sie anordnen? Zeichne Skizzen und vergleiche deine Lösung mit anderen Kindern.

Arbeit mit Platzhaltern, Kombinatorik
1) Abenteuergeschichte ▶ LH
3) Die Kinder verwenden Tabellen, um die kombinatorische Aufgabenstellung vollständig zu lösen.

13. Rätsel lösen

1 Setze die Muster fort und beschreibe sie.

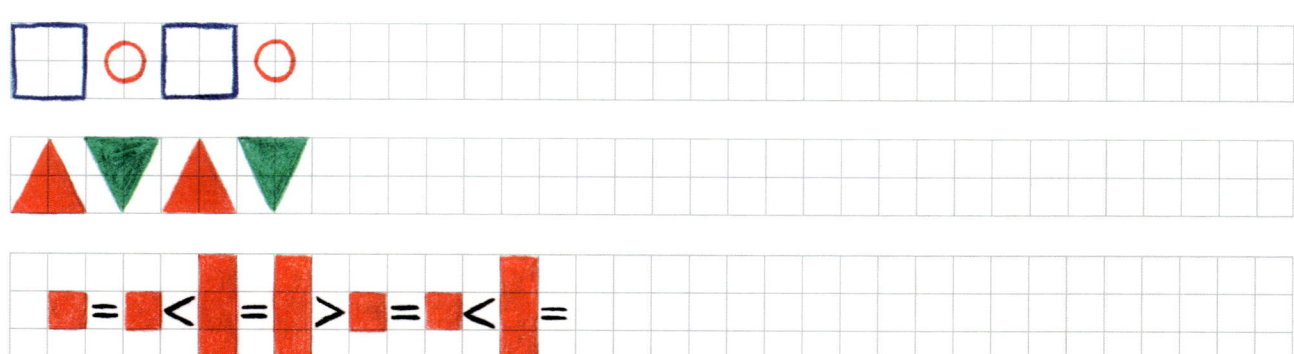

2 Ergänze die Zahlenreihen und beschreibe sie.

2	4	6				14		18	

10	9						3			

1	3		7						19

0			6	9		

Die erste Reihe beginnt mit der Zahl 2. Die Zahlen werden immer um 2 größer.

3 Finde in diesen Reihen die Fehler und erkläre, was falsch ist.

⭐ 10 — 8 — 6 — 5 — 4 — 2 — 0

1 — 2 — 3 — 2 — 1 — 2 — 2 — 3 — 2 — 1

Bleib in Form!

4 Ergänze die Zahlen in den Zahlenhäusern.

5
2 +
+ 1
+ 0

5
+ 4
5 +
3 +

10
+ 5
3 +
1 +

10
6 +
0 +
+ 2

10
9 +
5 +
+

Muster erkennen und fortsetzen
2) 3) **TIPP** Weiterführung: Die Kinder erfinden eigene Reihen und bauen Fehler ein. Ein anderes Kind soll die Fehler finden.

1 Löse die Sudokus.

Und so geht's!
Die Zahlen 1 bis 4 dürfen in jeder Zeile, in jeder Spalte und in jedem stark umrandeten 4er-Kasten nur einmal vorkommen.

Beispiel-Sudoku:

1		2	3
3	2	4	
2			4
4	3	1	

Lösungsschritte:

1		2	3
3	2	4	1
2			4
4	3	1	

1		2	3
3	2	4	
2		3	4
4	3	1	

1	4	2	3
3	2	4	
2			4
4	3	1	

Sudoku A:

	2	3	4
3	4	1	
2	1	4	
	3	2	1

Sudoku B:

2	1	4	3
4			1
1			4
3	4	1	2

Sudoku C:

3		2	1
2	1		4
4		1	2
1	2		3

Sudoku D:

2			1
	4	3	
	2	1	
3			4

Sudoku E:

3			1
4			2
	3	1	
	4	2	

Sudoku F:

		4	2
	3		1
3		1	4
4	1		

★ Sudoku G:

1			2
	2	3	
	1	2	
2			3

★ Sudoku H:

	3	4	
4			3
3			1
	1	3	

★ Sudoku I:

	2		
	3	1	
2			1
	1	2	

Muster und Strukturen
1) **TIPP** Sudokus für Kinder finden sich auch in Rätselzeitschriften. Kopiervorlagen ▶LH

55

14. Das kann ich schon!

1 Schreibe die Plusrechnungen.

5 +

2 Wirf immer 10 Plättchen. Schreibe die Plusrechnungen auf.

$3 + 7 = 10$

 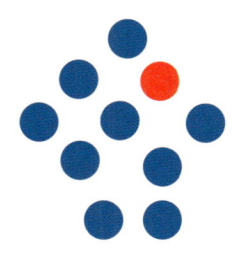 

3 Schreibe die Minusrechnungen.

10 −

4 Rechne.

2 + 5 =   7 + 3 =   3 + 6 =   8 + 1 =

0 + 4 =   4 + 4 =   8 + 2 =   4 + 6 =

5 Rechne.

9 − 3 =   8 − 4 =   10 − 3 =   7 − 4 =

7 − 2 =   6 − 1 =   4 − 4 =   9 − 4 =

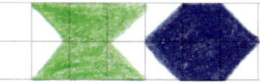

Bleib in Form!

6 Setze das Muster fort.

Plus- und Minusrechnungen

56

14. Das kann ich schon!

1 Finde zu jedem Bild eine Plus- und eine Minusrechnung. Erkläre.

+		
–		

2 Erfinde Rechengeschichten. Stelle deine Geschichten vor.

3 Schreibe zu jedem Bild zwei Rechnungen.

$3 \xrightarrow{+6} 9$ $\xleftarrow{-6}$

$3 + 6 = 9$
$9 - 6 = 3$

$8 \xrightarrow{+2} 10$ $\xleftarrow{-2}$

$4 \xrightarrow{+3} 7$ $\xleftarrow{-3}$

$0 \xrightarrow{+4} 4$ $\xleftarrow{-4}$

4 Ergänze die fehlenden Zahlen.

$4 +$ ⬜ $= 5$	$4 +$ ⬜ $= 10$	$8 -$ ⬜ $= 6$	$10 -$ ⬜ $= 6$
$6 +$ ⬜ $= 10$	⬜ $+ 3 = 10$	⬜ $- 3 = 1$	⬜ $- 4 = 3$
$6 +$ ⬜ $= 9$	⬜ $+ 2 = 8$	⬜ $- 7 = 0$	$6 -$ ⬜ $= 1$

Rechengeschichten, Umkehraufgaben, Ergänzungsaufgaben

57

14. Das kann ich schon!

1 Rechne und ergänze die fehlenden Rechnungen.
Erkläre, wie du die fehlenden Rechnungen gefunden hast.

5 + 5 =	1 + 2 =	10 − 4 =	5 − 2 =
5 + 4 =	3 + 2 =	9 − 4 =	6 − 3 =
5 + 3 =	5 + 2 =	8 − 4 =	7 − 4 =

2 Zähle die Formen in den Bildern.

⃝ Kreise

△ Dreiecke

▭ Rechtecke

◻ Quadrate

⃝ Kreise

△ Dreiecke

▭ Rechtecke

◻ Quadrate

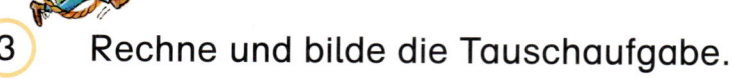

Bleib in Form!

3 Rechne und bilde die Tauschaufgabe.

4 + 2 = 6
2 + 4 = 6

1 + 8 =

3 + 0 =

7 + 3 =

2 + 6 =

5 + 4 =

2 + 5 =

8 + 2 =

Rechenpakete, geometrische Figuren

14. Das kann ich schon!

1 Beschrifte die Zahlenbänder.

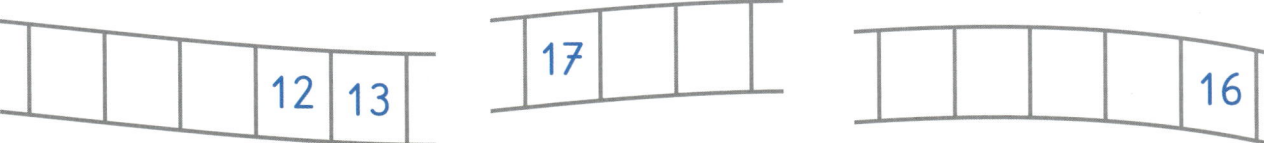

| | | | 12 | 13 |

| 17 | | |

| | | | 16 |

2 Schreibe die Nachbarzahlen.

| | 9 | | | 4 | | | 8 | | | 1 | |

| | 19 | | | 14 | | | 18 | | | 11 | |

3 Auf einen Blick: Schreibe die Zahlen.

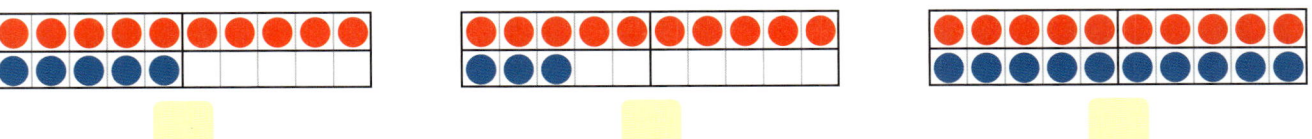

4 Wie viele Euro sind das? Fasse immer 10 Münzen zusammen.

Zehner Einer
☐ ☐ €

5 Wie viele Euro sind das?

Zehner Einer
☐ ☐ €

Zehner Einer
☐ ☐ €

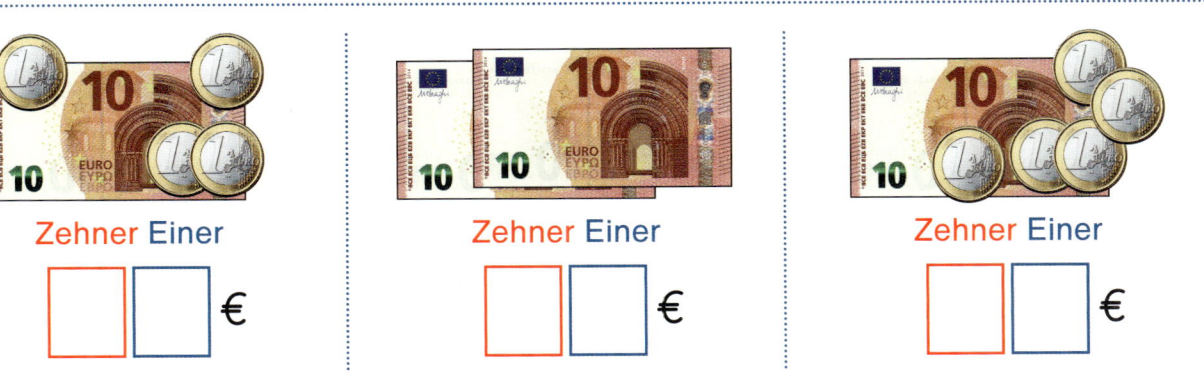

Zehner Einer
☐ ☐ €

Zehner Einer
☐ ☐ €

Zehner Einer
☐ ☐ €

Knobelaufgabe

⭐ Überlege, wie du die Knobelaufgabe lösen kannst.
Sprich mit anderen Kindern darüber.

1 Wie sieht die vierte Figur in jeder Reihe aus?

- Zeichne zu jeder Reihe das fehlende Bild.
- Vergleiche deine Bilder mit den Bildern eines anderen Kindes.
- Was fällt dir auf?
- Besprecht, wie ihr die vierte Figur gefunden habt.

grüne Männchen

zornige Monster

lachende Zwerge

lila Tiere

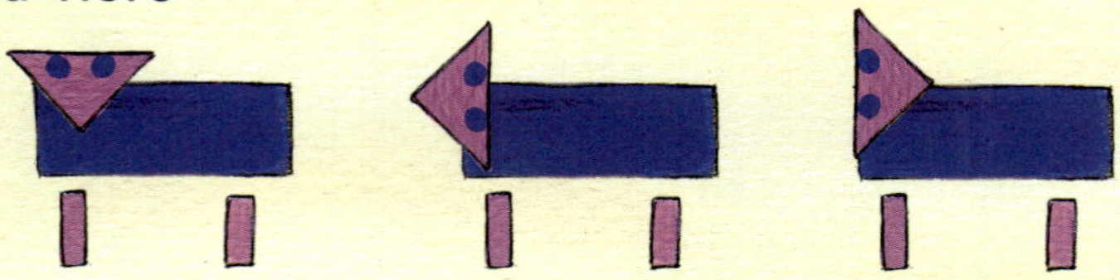

Knobelaufgabe: Die Kinder finden Muster in den Reihen und schließen daraus, welche Elemente das nächste Bild enthalten muss. Tipps zum Problemlösen ▶ LH

60

1 Cedric gibt den Kindern Anweisungen. Aron muss immer 10 Punkte mehr einstellen als Nora. Sein erster Auftrag heißt: „3 Punkte mehr!" Rechne.

5 + 3 = 8

15 + 3 = 18

Nora

Aron

Cedric

Jetzt 7 Punkte weniger!

Nun wieder 4 Punkte mehr!

2 Lege und rechne. Was fällt dir auf?

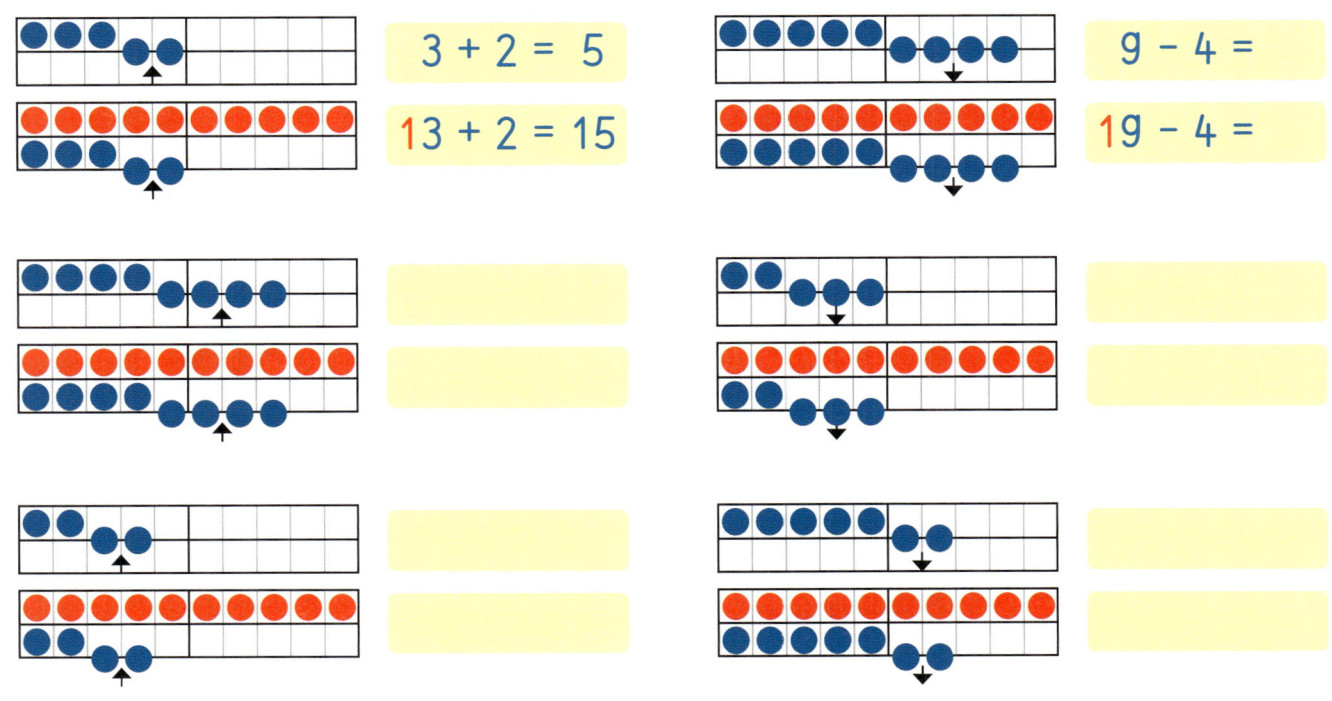

3 + 2 = 5

13 + 2 = 15

9 – 4 =

19 – 4 =

Rechnen im Zahlenraum 20: Analogieaufgaben
Die Rechnungen zur ersten Anweisung stehen bereits da. Die Kinder führen die weiteren Anweisungen aus und finden die Rechnungen dazu, z.B. 8 – 7, 18 – 7.
TIPP Weiterführung in Partnerarbeit: Die Kinder finden eigene Analogieaufgaben und legen sie mit Plättchen. Abenteuergeschichte ▶ LH

15. Rechnen bis 20

1 Rechne. Was fällt dir auf?

2 + 3 = 5	4 + 4 = ☐	7 + 2 = ☐	3 + 6 = ☐
12 + 3 = 15	14 + 4 = ☐	17 + 2 = ☐	13 + 6 = ☐

2 Rechne. Was fällt dir auf?

5 − 1 = 4	6 − 2 = ☐	9 − 3 = ☐	8 − 7 = ☐
15 − 1 = 14	16 − 2 = ☐	☐ − 3 = ☐	☐ − 7 = ☐

3 Rechne.

11 + 4 = ☐	16 + 3 = ☐	14 − 4 = ☐	19 − 3 = ☐
14 + 3 = ☐	10 + 4 = ☐	18 − 6 = ☐	11 − 0 = ☐
12 + 7 = ☐	13 + 5 = ☐	16 − 2 = ☐	17 − 2 = ☐

4 Rechne.

15 + 4

1	5	+	4	= 1 9

12 + 2	15 + 3	13 − 2	17 − 4
16 + 4	13 + 3	18 − 8	14 − 2
13 + 1	19 + 1	14 − 0	19 − 7

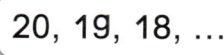

Bleib in Form!

5 Zähle vorwärts und rückwärts.

20, 19, 18, …

0, 1, 2, …

0 ☐ ☐ 5 ☐ ☐ ☐ 10 ☐ ☐ ☐ 15 ☐ ☐ ☐ 20

1 Finde Rechnungen zu diesen Bildern. Erkläre.

16 +   16 –

   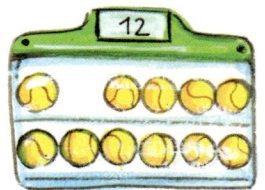

2 Finde verschiedene Rechnungen zu diesem Bild. Erkläre.

3 Rechne und ergänze die fehlenden Rechnungen.
Erkläre, wie du die fehlenden Rechnungen gefunden hast.

10 + 2 =	18 + 2 =	13 – 3 =	15 – 1 =
10 + 4 =	17 + 2 =	14 – 4 =	16 – 2 =
10 + 6 =	16 + 2 =	15 – 5 =	17 – 3 =
10 + 8 =	15 + 2 =	16 – 6 =	18 – 4 =

15. Rechnen bis 20

1 Rechne und bilde die Tauschaufgabe.
Welche Aufgabe ist für dich leichter zu lösen?

3 + 12 = 15   2 + 15 =   3 + 16 =

12 + 3 =

7 + 11 =   14 + 4 =   5 + 15 =

2 Rechne und bilde die Umkehraufgabe.

14 + 2 = 16   15 + 2 =   14 + 4 =

16 – 2 =   –   –

10 + 3 =   17 + 3 =   11 + 6 =

–   –   –

3 Ergänze die Rechnungen.

15 + ⬚ = 18	⬚ + 4 = 14	19 – ⬚ = 17	⬚ – 2 = 15
11 + ⬚ = 13	⬚ + 6 = 18	13 – ⬚ = 10	⬚ – 5 = 11
13 + ⬚ = 19	⬚ + 1 = 16	18 – ⬚ = 16	⬚ – 3 = 16
12 + ⬚ = 20	⬚ + 3 = 17	20 – ⬚ = 19	⬚ – 4 = 14

Bleib in Form!

4 Ergänze die Zahlen in den Zahlenhäusern.

10	10	10	20	20
7 +	+ 6	+ 8	15 +	17 +
+ 2	1 +	4 +	16 +	14 +
+ 5	0 +	+	+ 1	+

Rechnen im Zahlenraum 20: Tausch- und Umkehraufgaben
1) Die Kinder begründen, warum eine der Aufgaben für sie leichter lösbar ist.

16. Spiegelbilder

1 Welcher Schmetterling ist symmetrisch?

Spiegelachse, symmetrisch

2 Ergänze die Schmetterlinge mit dem Spiegel.

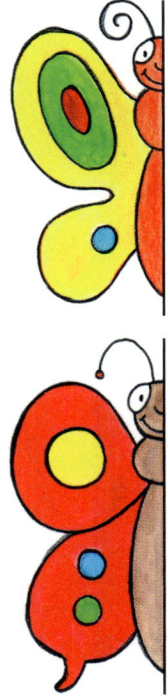

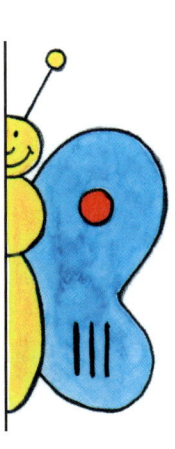

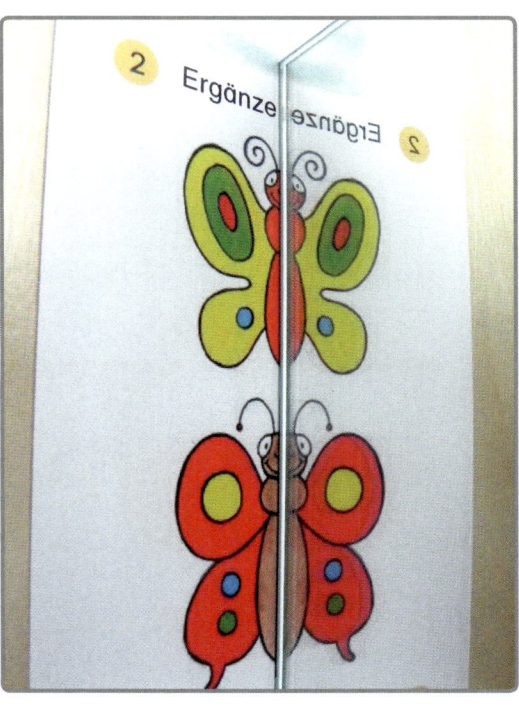

3 Gestalte mit einigen Kindern der Klasse ein Schmetterlingsplakat.
Ordne Kreise, Dreiecke und Vierecke symmetrisch an.

Raum und Form: Symmetrie
1) Abenteuergeschichte ▶ LH
2) Die Kinder arbeiten mit Handspiegeln. Die fehlenden Schmetterlingshälften können auch zeichnerisch ergänzt werden.

65

16. Spiegelbilder

1 Zeichne die Spiegelbilder fertig. Was zeigen sie?

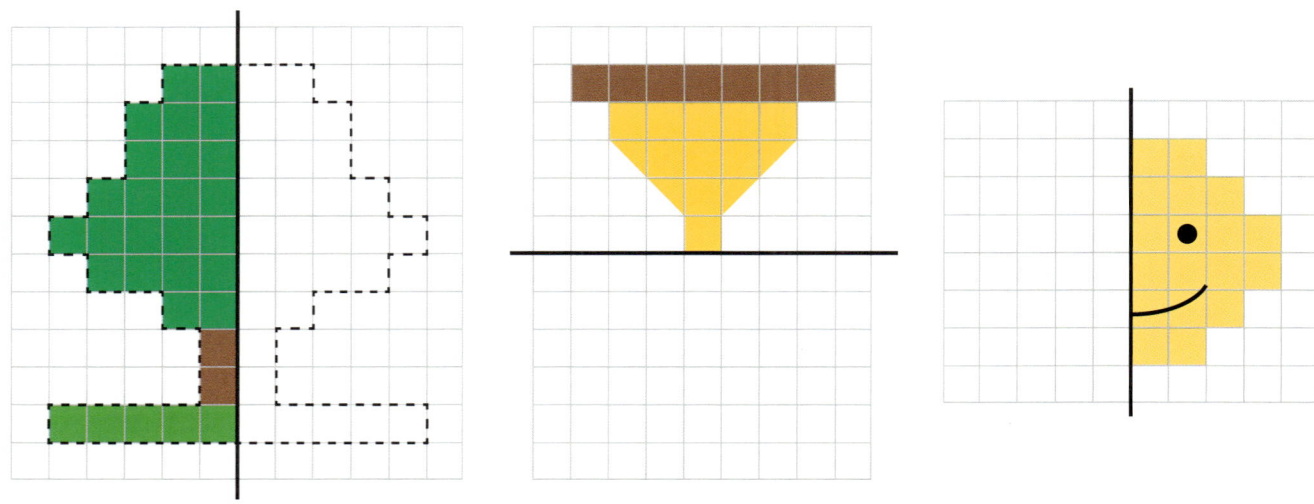

2 Gestalte ein symmetrisches Bild.
Du brauchst eine Schere und ein Blatt Papier.

1. Falten   2. Schneiden   3. Schneiden   4. Auffalten

3 Gestalte ein symmetrisches Klecksbild.

1.   2.   3.   4.

Bleib in Form!

4 Schreibe die Nachbarzahlen.

| | 10 | | | 18 | | | 13 | | | 16 | |

Raum und Form: Symmetrie

16. Spiegelbilder

1 Berechne immer das Doppelte. Erzähle.

7 Flossen	⬜ Flossen

> Ein Hecht hat 7 Flossen. Zwei Hechte haben 14 Flossen.

⬜ Flügel	⬜ Flügel

⬜ Arme	⬜ Arme

⬜ Finger	⬜ Finger

⬜ Beine	⬜ Beine

2 Finde Rechnungen zu diesen Bildern. Erzähle.

Verdoppeln

2) **TIPP** Die Kinder finden weitere Beispiele für Verdoppelungen in der Klasse und in ihrer Umgebung und erfinden dazu Rechnungen.

16. Spiegelbilder

1 Zeichne die Spiegelbilder, zähle die Punkte und schreibe die Rechnungen.

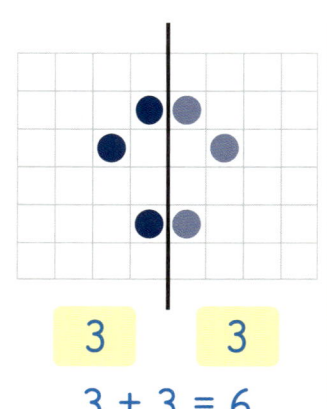

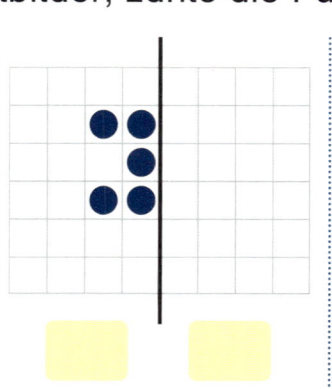

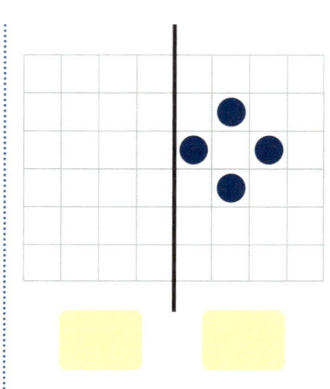

verdoppeln, das Doppelte

3	3

3 + 3 = 6

2 Lege, zeichne und rechne.

7 + 7 = ☐

6 + 6 = ☐

3 + 3 = ☐

4 + 4 = ☐

9 + 9 = ☐

5 + 5 = ☐

3 Schreibe die gesuchten Zahlen in die Tabelle.

★

Zahl	1	2	3	4	5					
das Doppelte	2									

Bleib in Form!

4 Ergänze die fehlenden Zahlen.

6 + ☐ = 10   2 + ☐ = 10   13 − ☐ = 10   17 − ☐ = 10

5 + ☐ = 10   9 + ☐ = 10   15 − ☐ = 10   12 − ☐ = 10

7 + ☐ = 10   4 + ☐ = 10   19 − ☐ = 10   16 − ☐ = 10

1 Lege die Rechnungen der Kinder mit Wendeplättchen nach.
Erkläre ihre Rechentricks.

Philipp: $8 + 7 = 15$

Linn: $7 + 8 = 15$

Nora: $8 + 2 = 10$
$10 + 5 = 15$

Aron: $8 + 8 = 16$
$16 - 1 = 15$

$8 + 7$

Tauschaufgabe,
Nachbaraufgabe

2 Lege, zeichne und rechne.
Vergleiche mit anderen Kindern.

$6 + 5 = $ ☐

$7 + 6 = $ ☐

$9 + 2 = $ ☐

$3 + 8 = $ ☐

$9 + 5 = $ ☐

$8 + 4 = $ ☐

$5 + 7 = $ ☐

$6 + 8 = $ ☐

$9 + 8 = $ ☐

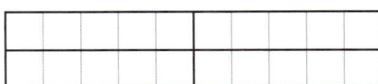

Plusrechnen über den Zehner: verschiedene Rechenwege
1) **TIPP** Rechenkonferenz: „Findest du weitere Rechenwege?", Abenteuergeschichte ▶LH
2) Die Kinder besprechen miteinander die Vorteile ihrer Rechenwege.

17. Rechenwege für Plusaufgaben

1 Lege die Aufgabe. Bilde dann die Nachbaraufgaben.

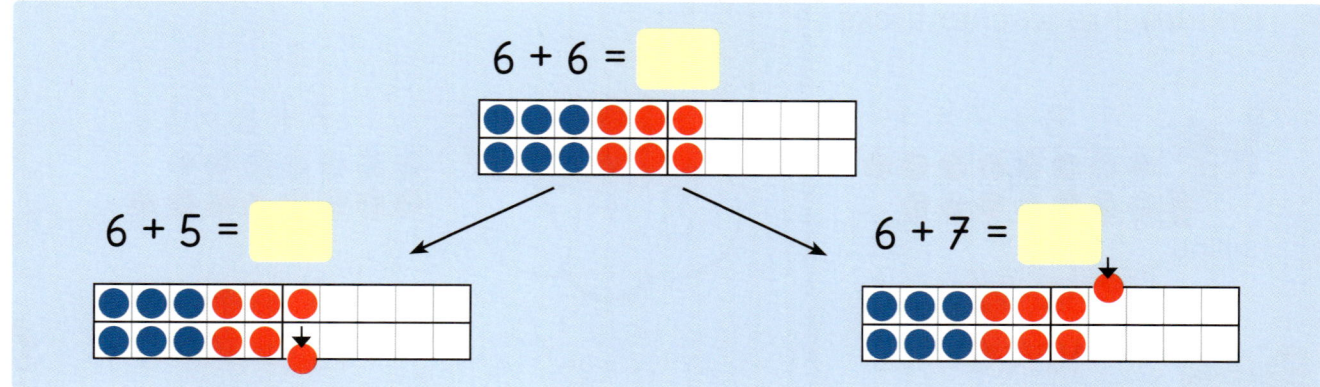

6 + 6 = ☐

6 + 5 = ☐

6 + 7 = ☐

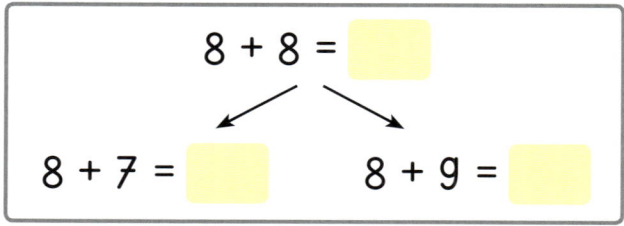

8 + 8 = ☐

8 + 7 = ☐   8 + 9 = ☐

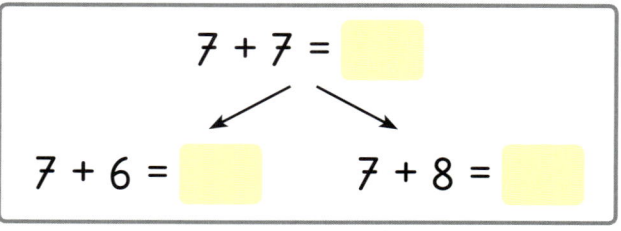

7 + 7 = ☐

7 + 6 = ☐   7 + 8 = ☐

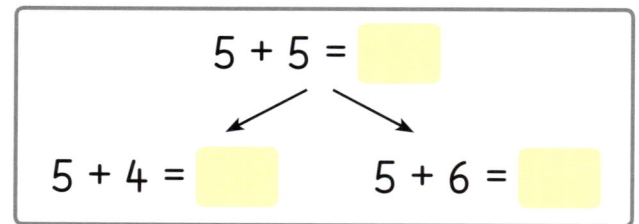

5 + 5 = ☐

5 + 4 = ☐   5 + 6 = ☐

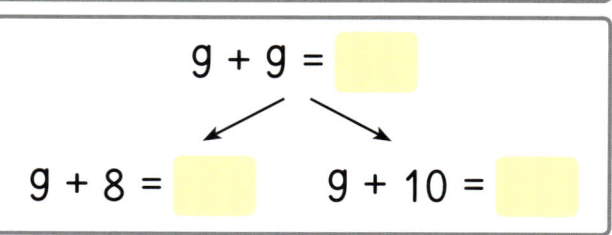

9 + 9 = ☐

9 + 8 = ☐   9 + 10 = ☐

2 Rechne. Beginne mit der einfacheren Aufgabe.

7 + 6 = ☐
7 + 7 = 14

 7 + 7 weiß ich auswendig.

4 + 4 = ☐
4 + 5 = ☐

10 + 9 = ☐
10 + 10 = ☐

5 + 5 = ☐
5 + 6 = ☐

3 + 3 = ☐
3 + 4 = ☐

8 + 7 = ☐
8 + 8 = ☐

Bleib in Form!

3 Zähle in Zweierschritten bis 20.

0, 2, 4, …

0 1 2 3 4 5 6 7 8 9 10 11 12 …

1, 3, 5, …

Plusrechnen über den Zehner: Nachbaraufgaben von Verdoppelungen

17. Rechenwege für Plusaufgaben

1   Lege, zeichne und rechne wie Nora.

$8 + 5 = \boxed{13}$

   2   3

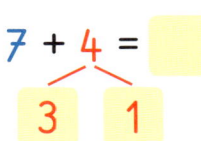

Zuerst bis 10, dann weiter.

Nora

$7 + 4 = \boxed{}$

   3   1

$9 + 6 = \boxed{}$

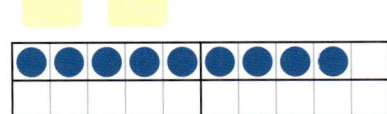

$8 + 4 = \boxed{}$

$5 + 8 = \boxed{}$

$7 + 6 = \boxed{}$

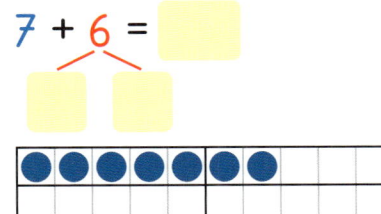

$9 + 3 = \boxed{}$

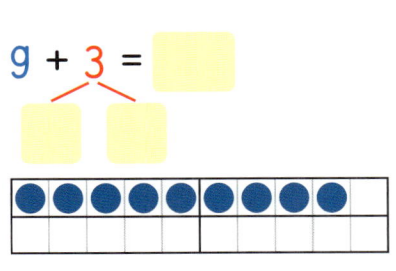

2   Rechne zuerst bis 10, dann weiter.

$9 + 4 = \boxed{}$ $7 + 6 = \boxed{}$ $8 + 8 = \boxed{}$ $6 + 5 = \boxed{}$

$6 + 8 = \boxed{}$ $9 + 5 = \boxed{}$ $7 + 9 = \boxed{}$ $8 + 9 = \boxed{}$

$8 + 4 = \boxed{}$ $6 + 9 = \boxed{}$ $8 + 3 = \boxed{}$ $7 + 5 = \boxed{}$

3   Rechne.

$8 + 7$

$8 + 7 = 15$

   2   5

$8 + 6$ $5 + 6$ $9 + 4$ $9 + 2$

$7 + 9$ $9 + 8$ $6 + 8$ $6 + 7$

$4 + 8$ $7 + 4$ $9 + 9$ $8 + 3$

Plusrechnen über den Zehner: zuerst bis 10, dann weiter
2) 3) Wenn nötig, können die Kinder Legematerial verwenden.

1 Rechne und ergänze die fehlenden Rechnungen.

5 + 5 =	10 + 10 =	10 + 3 =	8 + 8 =
5 + 6 =	10 + 8 =	9 + 3 =	7 + 9 =
5 + 7 =	10 + 6 =	8 + 3 =	6 + 10 =

2 Rechne.

7 + 7 =   2 + 9 =   7 + 8 =   8 + 4 =

4 + 9 =   6 + 5 =   6 + 6 =   7 + 8 =

3 Rechne die Würfelpunkte zusammen. Rechne geschickt.
Vergleiche deinen Rechenweg mit anderen Kindern.

★

Ich suche Zehner.

$$6 + 4 + 4 =$$
$$10 + 4 = 14$$

Ich verdopple zuerst.

$$4 + 4 + 6 =$$
$$8 + 6 = 14$$
$$2 \quad 4$$

Bleib in Form!

4 Zähle rückwärts in Zweierschritten.

20, 18, 16, …

19, 17, 15, …

Plusrechnen über den Zehner: geschickt rechnen
3) Die Kinder berechnen die Augensumme von drei Würfeln und vergleichen ihre Rechenstrategien. **TIPP** Rechenkonferenz: verschiedene Strategien vorstellen und besprechen.

18. Rechenwege für Minusaufgaben

1 Cedric und seine Freunde brauchen fünf Hütten zum Übernachten.
Sind genügend Hütten frei? Erkläre, wie du rechnest.

7 Hütten sind schon reserviert. Ich muss zuerst die Schilder auf die Hütten hängen, damit ich weiß, ob noch fünf frei sind.

Das kann man aber ganz einfach ausrechnen.

2 Lege, zeichne und rechne wie Nora.

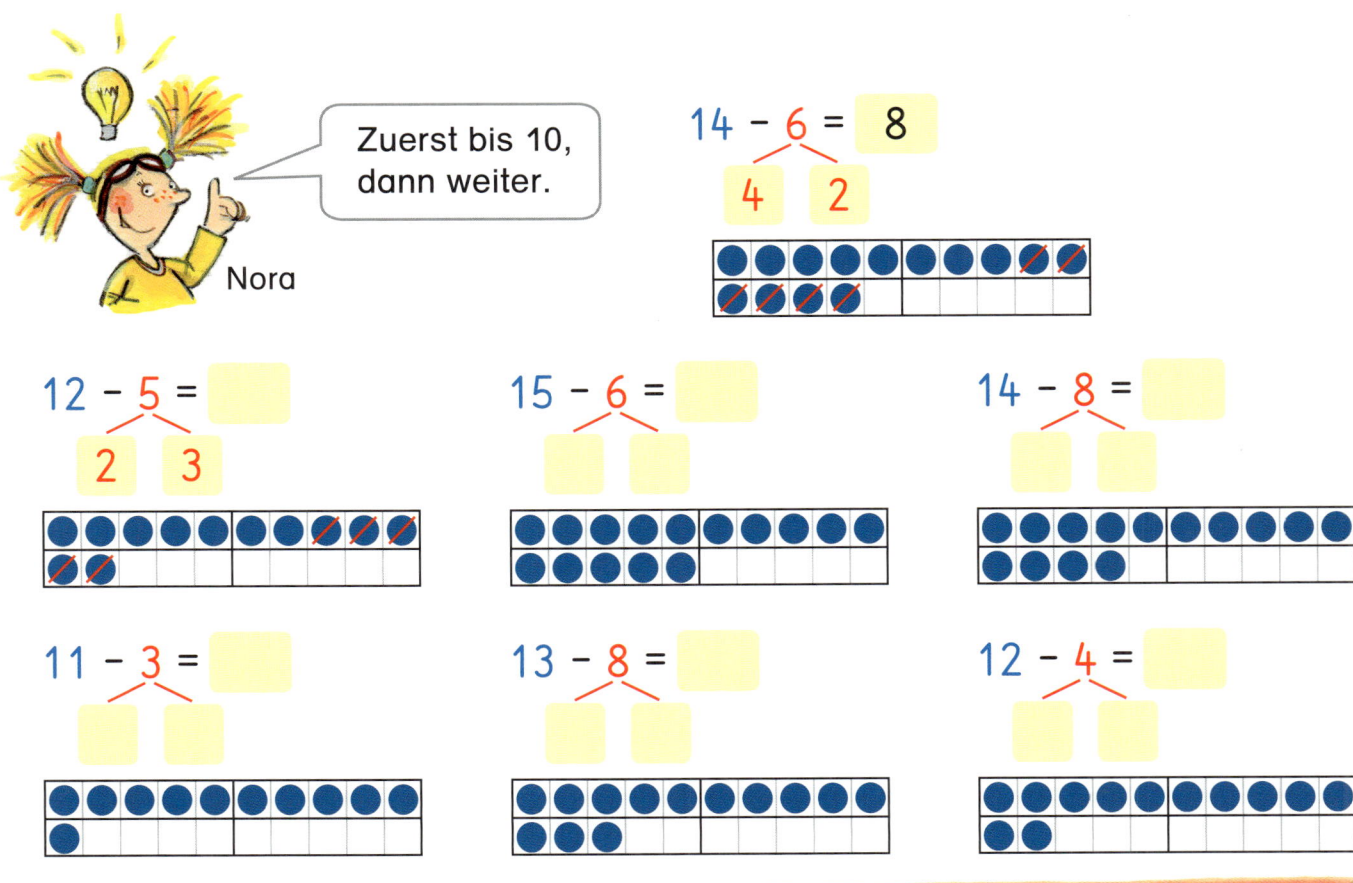

Zuerst bis 10, dann weiter.

Nora

$14 - 6 = \boxed{8}$
$\quad\;\; 4 \quad 2$

$12 - 5 = \boxed{}$
$\quad\;\; 2 \quad 3$

$15 - 6 = \boxed{}$

$14 - 8 = \boxed{}$

$11 - 3 = \boxed{}$

$13 - 8 = \boxed{}$

$12 - 4 = \boxed{}$

Minusrechnen über den Zehner: zuerst bis 10 und dann weiter
1) Die Kinder erklären, wie sie die Anzahl der freien Hütten herausgefunden haben. Sie vergleichen ihre Rechenstrategien. Abenteuergeschichte ▶ LH

73

18. Rechenwege für Minusaufgaben

1 Rechne zuerst bis 10, dann weiter.

11 − 6 = ☐   15 − 8 = ☐   12 − 6 = ☐   13 − 7 = ☐

13 − 5 = ☐   12 − 5 = ☐   15 − 9 = ☐   16 − 8 = ☐

14 − 8 = ☐   16 − 7 = ☐   14 − 6 = ☐   12 − 9 = ☐

2 Rechne.

15 − 8	1 5 − 8 = 7
	5 3

13 − 6   15 − 9   14 − 7   12 − 7

18 − 9   12 − 5   16 − 9   15 − 6

11 − 6   16 − 7   17 − 8   13 − 5

3 Rechne.

14 − 4 = ☐   12 − 2 = ☐   16 − 6 = ☐   17 − 7 = ☐
14 − 6 = ☐   12 − 5 = ☐   16 − 7 = ☐   17 − 9 = ☐

12 − 2 = ☐   11 − 1 = ☐   13 − 3 = ☐   15 − 5 = ☐
12 − 4 = ☐   11 − 3 = ☐   13 − 6 = ☐   15 − 7 = ☐

15 − 5 = ☐   13 − 3 = ☐   14 − 4 = ☐   16 − 6 = ☐
15 − 8 = ☐   13 − 4 = ☐   14 − 9 = ☐   16 − 9 = ☐

Bleib in Form!

4 Rechne.

Das geht
schon leicht.

4 + 2 = ☐   3 + 3 = ☐   8 + 2 = ☐

5 + 3 = ☐   4 + 6 = ☐   3 + 4 = ☐

0 + 7 = ☐   9 + 1 = ☐   5 + 4 = ☐

Minusrechnen über den Zehner: zuerst bis 10 und dann weiter
1) 2) 3) Wenn nötig, können die Kinder Legematerial verwenden.

1 Lege die Aufgabe. Bilde dann die Nachbaraufgaben.

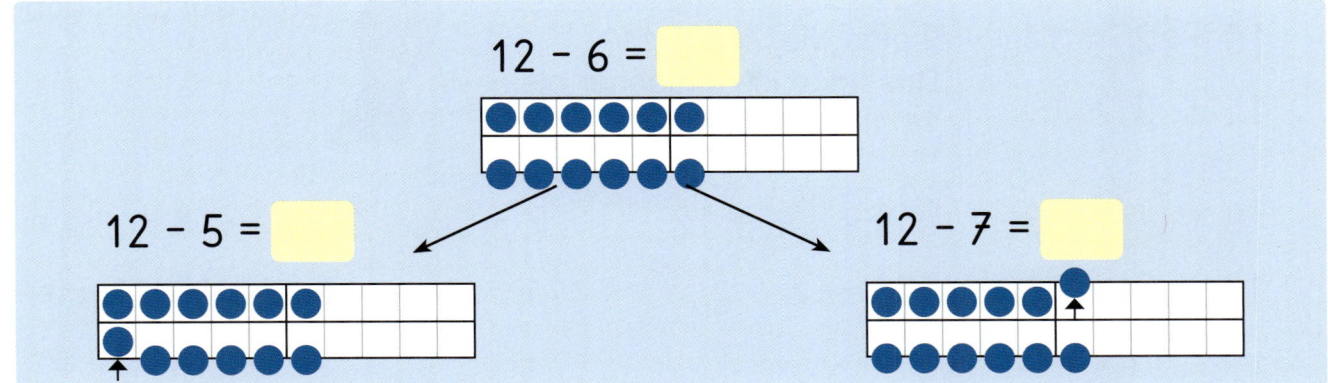

12 − 6 =

12 − 5 =

12 − 7 =

16 − 8 =

16 − 7 =   16 − 9 =

14 − 7 =

14 − 6 =   14 − 8 =

2 Rechne. Beginne mit der einfacheren Aufgabe.

15 − 9 =

15 − 10 = 5

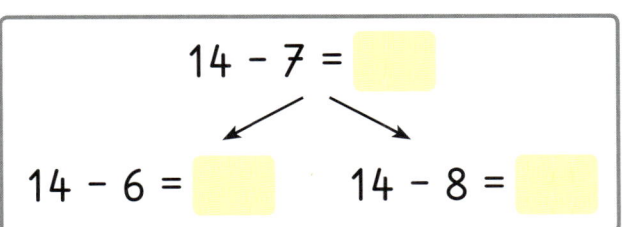

15 − 10 ist einfach.

13 − 10 =

13 − 9 =

14 − 6 =   12 − 3 =   16 − 6 =   10 − 5 =

14 − 7 =   12 − 2 =   16 − 7 =   10 − 6 =

3 Rechne und ergänze die fehlenden Rechnungen.

14 − 3 =
14 − 4 =
14 − 5 =

12 − 1 =
12 − 2 =
12 − 3 =

18 − 6 =
18 − 7 =
18 − 8 =

16 − 5 =
16 − 6 =
16 − 7 =

Minusrechnen über den Zehner: Nachbaraufgaben verwenden
2) Die Kinder besprechen, warum manche Rechnungen einfacher zu lösen sind als andere.

18. Rechenwege für Minusaufgaben

1 Rechne. Beginne mit der einfacheren Aufgabe.

Umkehraufgabe, Ergänzungsaufgabe

$9 + \boxed{2} = 11$

$11 - 9 = \boxed{}$

> 9 plus wie viel ist 11? Das finde ich einfacher als 11 minus 9.

$9 + \boxed{} = 13$	$8 + \boxed{} = 12$	$7 + \boxed{} = 11$	$8 + \boxed{} = 13$
$13 - 9 = \boxed{}$	$12 - 8 = \boxed{}$	$11 - \boxed{} = 7$	$13 - \boxed{} = 8$

2 Finde den Wert der verdeckten Würfel. Der Gesamtwert steht unter den Kästen. Gibt es verschiedene Möglichkeiten?

12

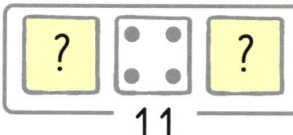

11

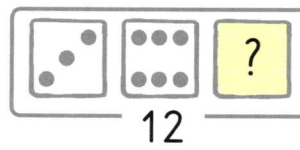

12

10

11

16

Spielt abwechselnd:
Lege zwei Würfel auf den Tisch. Den dritten Würfel behältst du in der Hand.

Nenne den Gesamtwert aller drei Würfel.

Das andere Kind errät, welchen Wert der Würfel in deiner Hand hat.

3 Löse die Rechnungen geschickt.

$11 - 9 = \boxed{}$	$17 - 8 = \boxed{}$	$12 - 6 = \boxed{}$	$13 - 7 = \boxed{}$
$16 - 8 = \boxed{}$	$16 - 9 = \boxed{}$	$14 - 5 = \boxed{}$	$11 - 2 = \boxed{}$

Bleib in Form!

4 Zähle in 5er-Schritten bis 20 und zurück.

0, 5, …

20, 15, …

0

5

10

15

20

Minusrechnen über den Zehner: Ergänzungs- und Umkehraufgaben

76

2) In Aufgaben mit mehr als einem verdeckten Würfel gibt es verschiedene Lösungen. **TIPP** Spielvarianten mit Zahlenkarten ▶ LH

19. Eckig oder rund?

1 Nora soll ein rotes Paket finden. Es hat die Form eines Würfels mit einem großen Deckel darauf. Beschreibe auch die Formen der anderen Pakete.

Nora

2 Male kugelförmige Dinge rot, würfelförmige Dinge blau an.

Würfel,
Kugel,
rollen,
kippen,
Körper

Raum und Form: geometrische Körper
1) Partnerarbeit: Ein Kind beschreibt ein... andere Kind soll es finden. Abenteuergeschichte ▶LH

77

19. Eckig oder rund?

1 Forme einen Körper aus Ton und beschreibe ihn.
Kann er rollen? Kann er kippen? Wie viele Ecken hat dein Körper?

Ton   Tonkugel

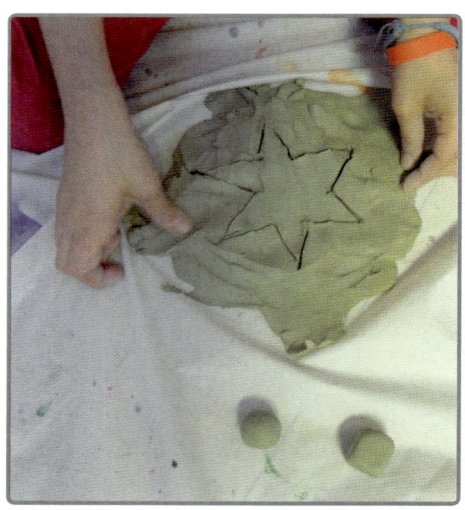

Baue diese Körper nach.
Kennst du ihre Namen?

2 Wie viele Ecken, Kanten und Seitenflächen haben diese Körper?

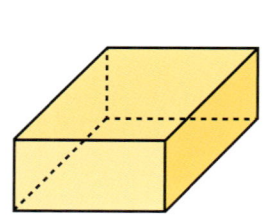
Quader

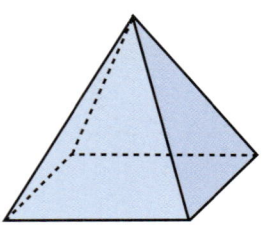
Pyramide

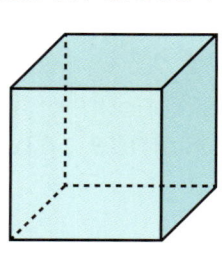
Würfel

Ecke,
Kante,
Seitenfläche

Quader	Pyramide	Würfel
☐ Ecken	☐ Ecken	☐ Ecken
☐ Kanten	☐ Kanten	☐ Kanten
☐ Seitenflächen	☐ Seitenflächen	☐ Seitenflächen

Bleib in Form!

3 Rechne.

$5 - 3 = \boxed{}$ $2 - 2 = \boxed{}$ $4 - 3 = \boxed{}$

$8 - 1 = \boxed{}$ $7 - 3 = \boxed{}$ $9 - 4 = \boxed{}$

$4 - 0 = \boxed{}$ $10 - 4 = \boxed{}$ $8 - 6 = \boxed{}$

$6 - 4 = \boxed{}$ $6 - 3 = \boxed{}$ $5 - 2 = \boxed{}$

Das geht
schon leicht.

Raum und Form: Eigenschaften geometrischer Körper
1) Die Kinder formen Vollkörpermodelle aus Ton oder Knetmasse und beschreiben sie.

19. Eckig oder rund?

1 Schau die Pakete an und fülle die Tabelle aus.

Tabelle

6	☐	eckig
	○	rund
	🖌	rot
	🖌	blau
	🖌	gelb
	✂	mit Schleife

2 Beschreibe anderen Kindern eines der Pakete. Wer am schnellsten das richtige Paket findet, stellt eine neue Beschreibung vor.

3 Schau die Körper an und fülle die Tabelle aus.

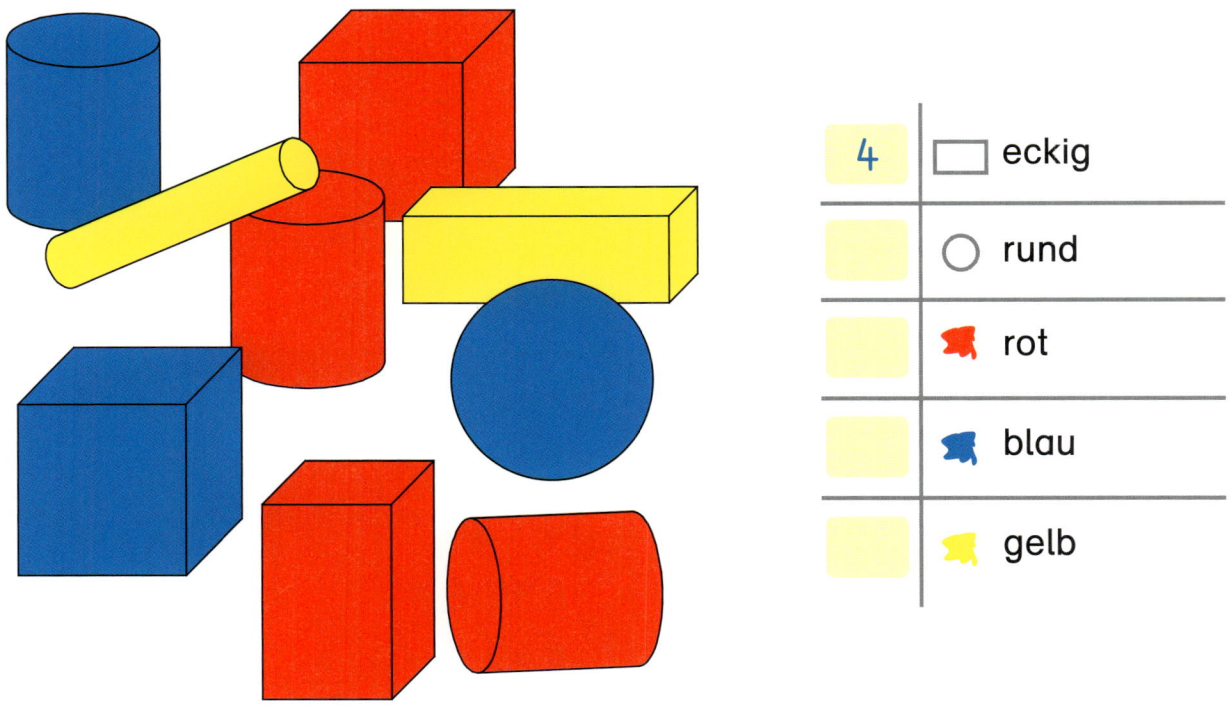

4	☐	eckig
	○	rund
	🖌	rot
	🖌	blau
	🖌	gelb

Raum und Form: Eigenschaften geometrischer Körper

20. Zahlenmauern

1 Schreibe die fehlenden Zahlen in die Zahlenmauern.

4   3 + 1 = 4
3   1

1   4

Zielstein

10   3 + 7 = 10
1 + 2 = 3   3   7   2 + 5 = 7
1   2   5

Grundsteine

6   4   2

2 Schreibe die fehlenden Zahlen in die Zahlenmauer.
Vergleiche mit anderen Kindern.

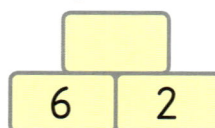
6   2

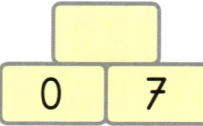
0   7

8
5

6
2

7

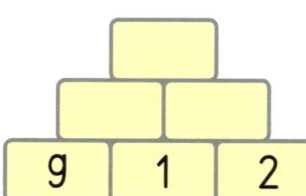
9   1   2

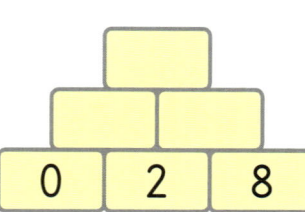
0   2   8

1
1   10

Grundsteine,
Zielstein

Bleib in Form!

3 Berechne das Doppelte.

1 + 1 =   4 + 4 =   10 + 10 =   3 + 3 =

5 + 5 =   7 + 7 =   6 + 6 =   0 + 0 =

9 + 9 =   2 + 2 =   5 + 5 =   8 + 8 =

20. Zahlenmauern

1 Ergänze die Zahlenmauern.

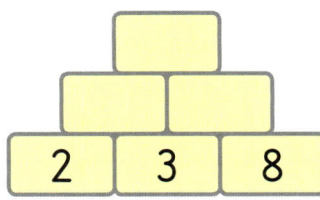

2 · 3 · 8

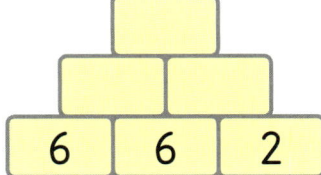

6 · 6 · 2

7
5 · 4

5 · 7 · 0

18
9
4

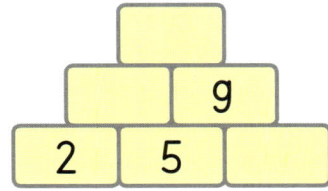

9
2 · 5

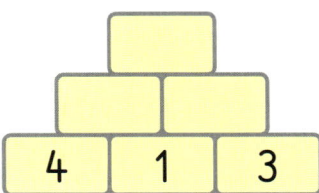

4 · 1 · 3

8 · 2 · 2

6
1 · 3

2 Ergänze die Zahlenmauern.

20
13
5

18
7
9

14
0

0

11 · 4
1

20
10 · 10

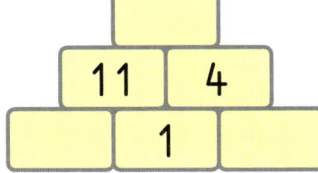

19
5 · 4

16
4 · 0

"Manchmal muss man einfach probieren."

Plusrechnen im Zahlenraum 20: Zahlenmauern
2) Diese Zahlenmauern sind eindeutig lösbar.

81

20. Zahlenmauern

1 Linn hat die Zahlen 4, 5 und 1 auf drei verschiedene Arten in die Grundsteine geschrieben. Vergleiche die Ergebnisse in den Zielsteinen.

Ich bin neugierig, ob in allen Zielsteinen die gleiche Zahl steht.

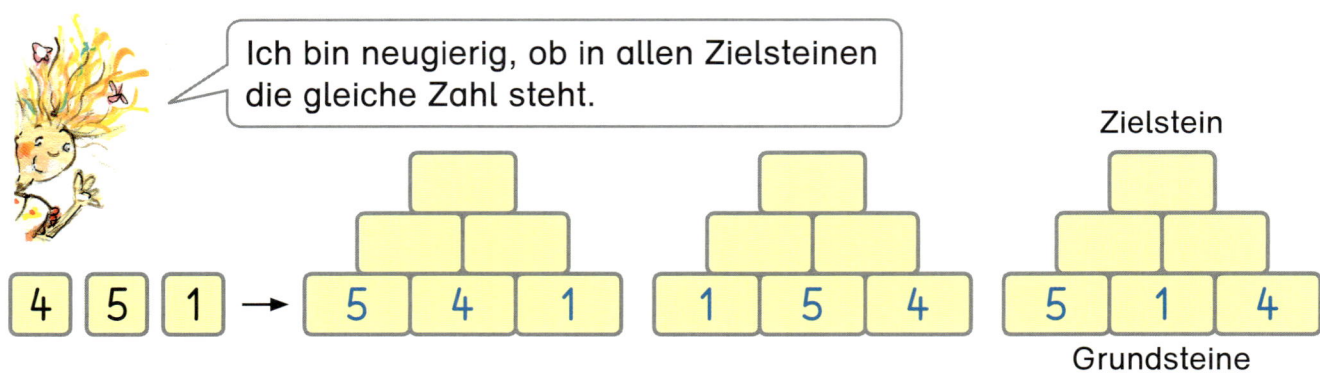

2 Schreibe die Zahlen 6, 2 und 0 auf drei verschiedene Arten in die Grundsteine. Vergleiche die Ergebnisse in den Zielsteinen.

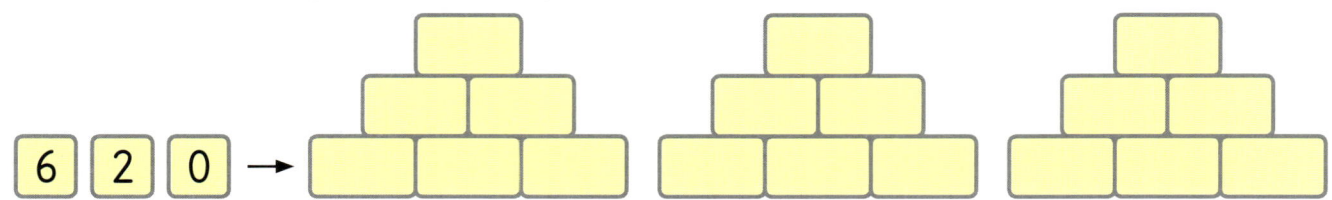

3 ⭐ Schreibe die Zahlen 1, 3 und 6 in die Grundsteine. Wie musst du sie anordnen, damit die Zahl im Zielstein so groß wie möglich wird?

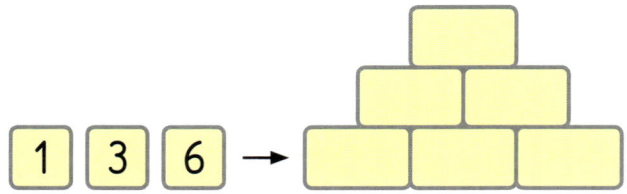

4 ⭐ Finde vier verschiedene Zahlenmauern, deren Ergebnis im Zielstein 10 beträgt. Findest du noch mehr Lösungen?

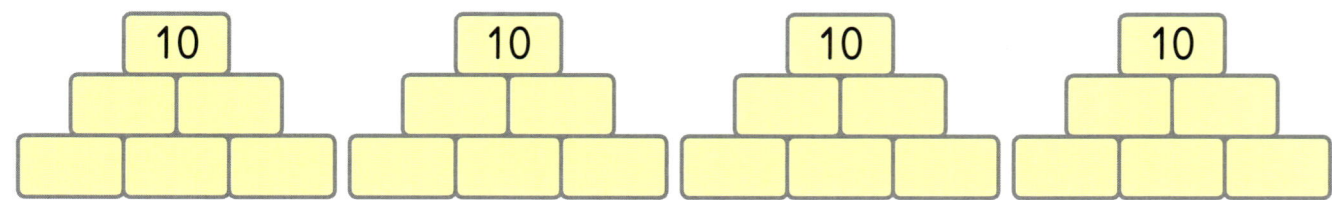

Bleib in Form!

5 Setze <, > oder = richtig ein.

12 ◯ 10   7 ◯ 7   9 ◯ 15   20 ◯ 10   4 ◯ 14   0 ◯ 13

Experimente mit Zahlenmauern
3) Die Kinder beschreiben die Anordnung, welche die größte Zahl im Zielstein ergibt. Weiterführung: „Welche Anordnung ergibt die kleinste Zahl?", Begründungen finden.
4) Verschiedene Lösungen sind möglich.

82

21. Das kann ich schon!

1 Finde die 9 Fehler im Spiegelbild und markiere sie.

2 Immer das Doppelte. Finde die Rechnungen.

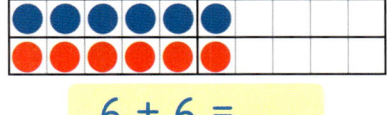

6 + 6 =

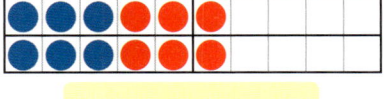

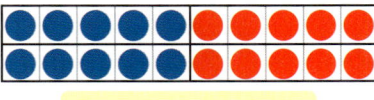

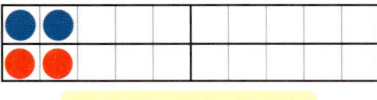

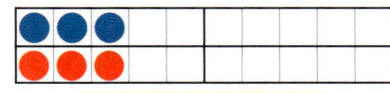

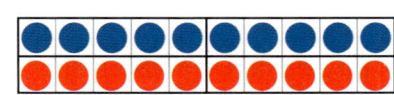

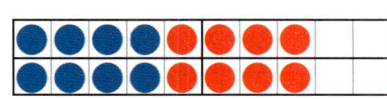

Wiederholung: Symmetrie, Verdoppeln

21. Das kann ich schon!

1 Rechne. Erkläre, wie dir die erste Rechnung bei der Lösung der zweiten Rechnung hilft.

5 + 5 =	10 + 10 =	7 + 7 =	6 + 6 =
5 + 6 =	10 + 9 =	7 + 8 =	6 + 5 =

3 + 3 =	8 + 8 =	4 + 4 =	9 + 9 =
3 + 2 =	8 + 9 =	4 + 5 =	9 + 8 =

2 Rechne. Erkläre, wie dir die erste Rechnung bei der Lösung der zweiten Rechnung hilft.

5 + 2 = 7	2 + 4 =	6 + 3 =	7 + 3 =
15 + 2 = 17	12 + 4 =	16 + 3 =	17 + 3 =

6 − 1 = 5	4 − 3 =	8 − 5 =	9 − 2 =
16 − 1 = 15	14 − 3 =	18 − 5 =	19 − 2 =

3 Rechne.

12 + 4 =	10 + 9 =	11 − 1 =	17 − 5 =
16 + 2 =	18 + 2 =	17 − 3 =	19 − 3 =
11 + 6 =	15 + 3 =	18 − 8 =	16 − 0 =

Bleib in Form!

4 Zeichne die Spiegelbilder.

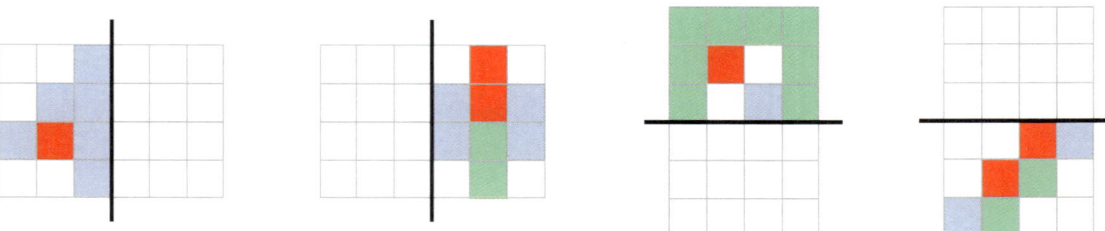

Wiederholung: Nachbar- und Analogieaufgaben

21. Das kann ich schon!

1 Rechne bis 10 und dann weiter.

8 + 5 = 13
  2   3

8 + 6 = ☐

6 + 9 = ☐

5 + 9 = ☐

7 + 4 = ☐

5 + 8 = ☐

7 + 5 = ☐

8 + 4 = ☐

9 + 5 = ☐

4 + 9 = ☐

8 + 7 = ☐

7 + 9 = ☐

2 Rechne und bilde die Tauschaufgabe. Welche Aufgabe ist für dich leichter?

3 + 9 = 12
9 + 3 =

4 + 12 =

7 + 6 =

7 + 12 =

6 + 11 =

5 + 14 =

4 + 8 =

5 + 9 =

2 + 15 =

3 Rechne die Würfelpunkte zusammen.

★

21. Das kann ich schon!

1 Rechne bis 10 und dann weiter.

13 – 7 = 6   15 – 8 =   14 – 8 =   12 – 4 =
　3　4

12 – 5 =   16 – 7 =   13 – 8 =   15 – 6 =

15 – 7 =   14 – 9 =   12 – 6 =   13 – 5 =

2 Rechne. Beginne mit der Aufgabe, die für dich leichter ist.

12 – 8 =	12 – 6 =	10 – 7 =	20 – 10 =
8 + [ ] = 12	6 + [ ] = 12	7 + [ ] = 10	10 + [ ] = 20
11 – 2 =	15 – 9 =	13 – 6 =	10 – 8 =
2 + [ ] = 11	9 + [ ] = 15	6 + [ ] = 13	8 + [ ] = 10

3 Rechne.

18 – 2 =   15 – 6 =   7 – 7 =   13 – 8 =

12 – 5 =   14 – 0 =   19 – 8 =   20 – 1 =

9 – 8 =   11 – 4 =   15 – 9 =   16 – 6 =

Bleib in Form!

4 Ergänze die Zahlen in den Zahlenbändern.

4

11 12 13

Wiederholung: Minusrechnen bis 10 und weiter, Umkehraufgaben

1 Wie viele Ecken und Kanten haben diese Körper?

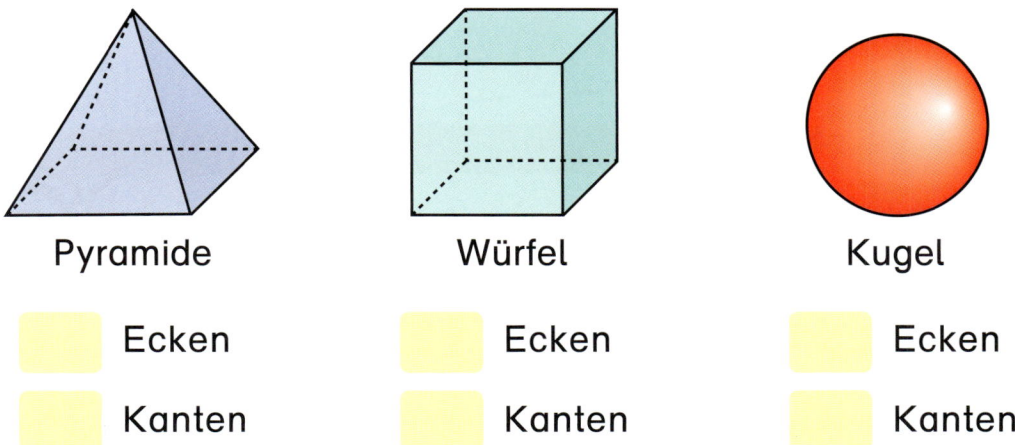

Pyramide   Würfel   Kugel

Ecken	Ecken	Ecken
Kanten	Kanten	Kanten

2 Wo findest du Würfel, Quader und Kugeln in deiner Umwelt?
Finde zu jedem Körper 3 Beispiele.

Würfel: Haus, _____

3 Ergänze die Zahlenmauern.

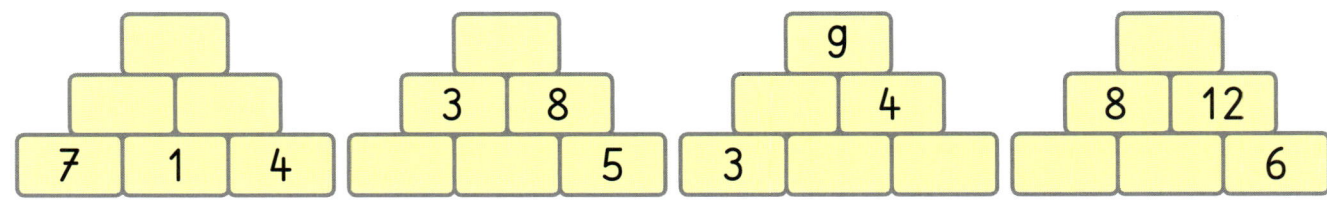

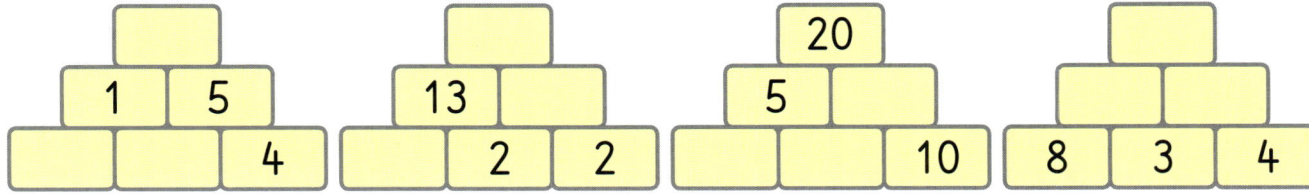

4 Ergänze die Zahlenmauern.

⭐

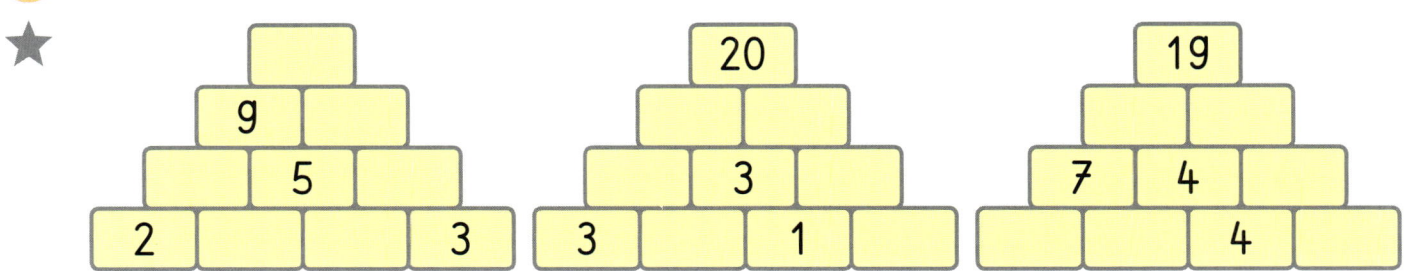

Knobelaufgabe

★ Überlege, wie du die Knobelaufgabe lösen kannst.
Sprich mit anderen Kindern darüber.

1 Finde den kürzesten Weg von einem orangen Feld zum anderen. Gibt es mehrere Lösungen?

Knobelaufgabe
1) Verschiedene Lösungen sind möglich. Die Kinder können die Wege mit Plättchen nachlegen.

22. Rechnen mit Geld

1 Jedes Kind bekommt 20 €. Cedric will den Betrag anders zusammenstellen als seine Freundinnen und Freunde. Welche Scheine und Münzen kann Cedric wählen? Gibt es mehrere Möglichkeiten?

Aron

Nora

Linn

Cedric

Philipp

Geldschein, Münze, Euro

2 Wie viel Euro sind das?

2 €

€

€

€

€

€

€

€

Größen: Euro
1) Die Kinder verwenden Spielgeld aus den Stanzbögen. Weiterführung: Die Kinder finden alle Kombinationen von Scheinen und Münzen, mit denen 20 € zusammengesetzt werden können. Abenteuergeschichte ▶ LH

22. Rechnen mit Geld

1 Wie viel Euro sind das?

_____ €

_____ €

_____ €

_____ €

_____ €

_____ €

2 Immer 5 Euro. Beschrifte die Münzen.

 = 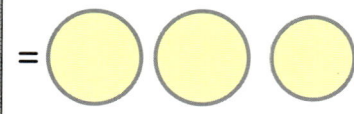  =

3 Immer 10 Euro.
Lege und finde verschiedene
Möglichkeiten.

$10€ = 5€ + 1€ + 1€ + 1€ + 1€ + 1€$

Schreibkurs

4 Schreibe das Euro-Zeichen.

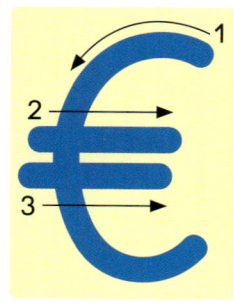     

Größen: Euro
2) 3) Die Kinder verwenden Spielgeld aus den Stanzbögen.

22. Rechnen mit Geld

1 Wie viel bezahlen die Kinder?

Hanna kauft:

Rechnung: 3 € + 7 € = 10 €

Antwort: Hanna bezahlt 10 €.

Ömer kauft:

Rechnung:

Antwort:

Martin kauft:

Rechnung:

Antwort:

Ilse kauft:

Rechnung:

Antwort:

2 Wie viel bezahlen die Kinder?

Otto kauft:

R: 7 € + 2 € = 9 €

A: Otto bezahlt 9 €.

Petra kauft:

Ivan kauft:

Nina kauft:

Bernd kauft:

3 Leo hat auch zwei Dinge gekauft. Er bezahlt 12 €.
Was könnte er gekauft haben? Gibt es verschiedene Möglichkeiten?

Sachaufgaben mit Geld
2) **TIPP** Die Kinder schreiben R: für Rechnung und A: für Antwort.

22. Rechnen mit Geld

1 Die Kinder kaufen ein. Berechne das Wechselgeld.

7 €

Wechselgeld:

10 € – 7 € =

5 €

Wechselgeld:

3 €

Wechselgeld:

2 Anna kauft  und .

⭐ Sie bezahlt mit  .

Berechne das Wechselgeld.

3 Tim kauft  und  .

⭐ Er bezahlt mit  .

Berechne das Wechselgeld.

4 Britta bekommt 5 € Wechselgeld. Was hat sie gekauft?
⭐ Womit hat sie bezahlt? Gibt es verschiedene Möglichkeiten?

Bleib in Form!

5 Ergänze die Zahlenmauern.

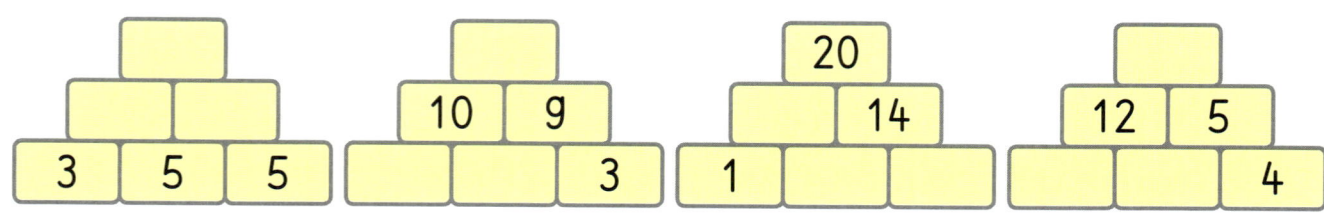

22. Rechnen mit Geld

1 Wie viel Geld brauchen die Kinder?

Edi fährt Karussell und Achterbahn.

Das kostet _____ .

Sarah kauft zwei Luftballons.

Das kostet _____ .

Martin fährt zweimal Karussell.

Das kostet _____ .

Tatjana fährt zweimal Achterbahn.

Das kostet _____ .

2 Stell dir vor, du hast 10 € für den Vergnügungspark.
Wofür würdest du das Geld ausgeben?

Vergleiche deine Ideen mit anderen Kindern.

3 Stell dir vor, du hast 20 € für den
Vergnügungspark. Wofür würdest du das Geld ausgeben?

4 Finde Aufgaben zu diesen Rechnungen.

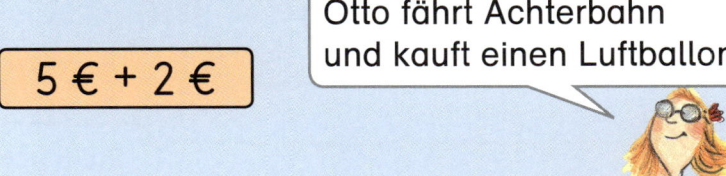

Otto fährt Achterbahn und kauft einen Luftballon.

Mia fährt zweimal mit dem Karussell und kauft einen Luftballon.

5 € + 2 €

9 € + 5 €

3 € + 5 €   2 € + 9 €   ★   10 € − 5 €

10 € − 7 €   20 € − 9 €

Sachaufgaben mit Geld
2) 3) 4) Mehrere Lösungen sind möglich.

93

23. Schaubilder

1 Jedes Kind hat einen Punkt zu seinem Lieblingsfach gemalt. Was kannst du aus dem Schaubild herauslesen?

2 Jedes Kind aus der Klasse hat einen Stein zu seinem Lieblingstier gesteckt. Welche Lieblingstiere haben die Kinder? Gibt es ein Tier, das niemand mag?

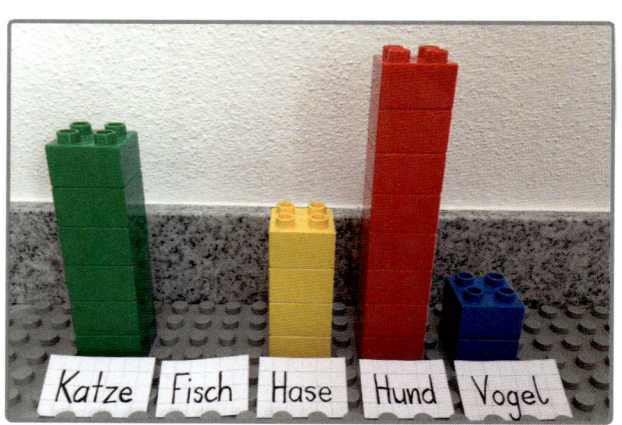

Katze | Fisch | Hase | Hund | Vogel

Bleib in Form!

3 Auf einen Blick: Schreibe die Zahlen.

‖‖‖ ‖   **7**   ‖‖‖ ‖‖‖ ‖‖   ‖‖‖ ‖‖‖ ‖   ‖‖‖ ‖‖‖ ‖‖‖ ‖‖‖ ‖‖‖ ‖‖‖

Daten, Häufigkeit: Schaubilder
1) Die Kinder sollen die lustigen Lieblingsfächer von Cedric und der Freundeschar erraten, z.B. grüne Bücher lesen, Bärchen zeichnen, Papier messen, Clown spielen, Bergkäfer beobachten. Alternative: Abenteuergeschichte ▶ LH
2) Weiterführung: Durchführen der gleichen Umfrage in der Klasse bzw. andere Umfragen durchführen und die Ergebnisse darstellen ▶ LH

23. Schaubilder

1 Welche Tiere findest du auf dem Bauernhof?
Male für jedes Tier ein Kästchen an.

Schaubild

8						
7						
6						
5						
4						
3						
2						
1						

Daten, Häufigkeit: Schaubilder

23. Schaubilder

1 Welches Auto ist wahrscheinlich als erstes an der Zapfsäule?
Begründe deine Antwort.

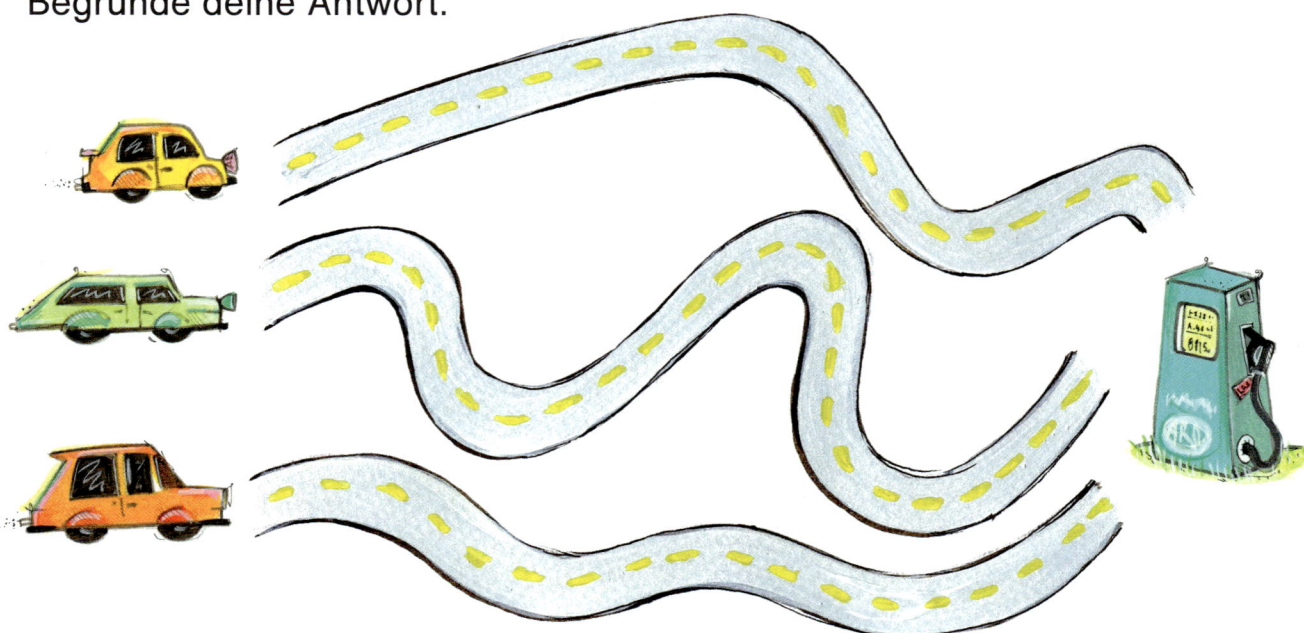

2 Bilde Sätze mit diesen Begriffen.
Was bedeuten sie?

wahrscheinlich	sicher

möglich	unmöglich

wahrscheinlich,
unwahrscheinlich,
sicher, möglich,
unmöglich

Bleib in Form!

3 Auf einen Blick: Wie viel Euro sind das?

☐ €

☐ €

☐ €

☐ €

☐ €

☐ €

Daten, Wahrscheinlichkeit
1) Mehrere Lösungen sind möglich. Entscheidend ist die Begründung.

96

23. Schaubilder

1 Wirf zwei Würfel. Zähle die Würfelzahlen zusammen.
Male für jedes Ergebnis einen Punkt an. Würfle so lange, bis alle Punkte
in einem Strahl angemalt sind.

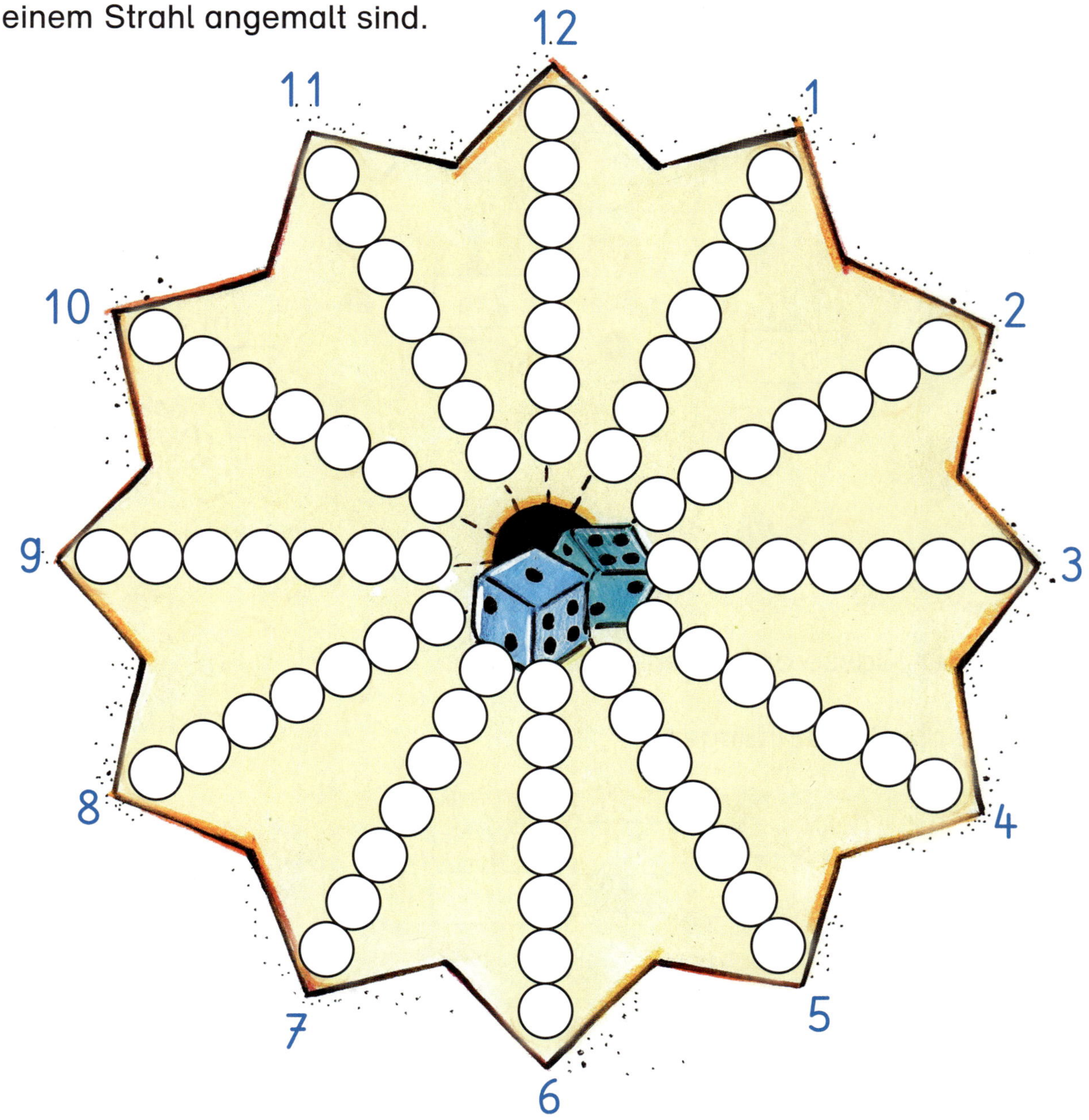

Schau dir deine Ergebnisse an und beantworte die Fragen.
Sprich auch mit anderen Kindern darüber.

- Was fällt dir auf?

- Gibt es eine Zahl,
  die unmöglich gewürfelt
  werden kann?

- Welche Zahl wird wahrscheinlich
  gewinnen?
  Auf welche Zahl würdest du setzen?

Daten, Häufigkeit, Wahrscheinlichkeit: Würfelexperiment

24. Landkarten und Wege

1 Schau dir das Zwergendorf an.

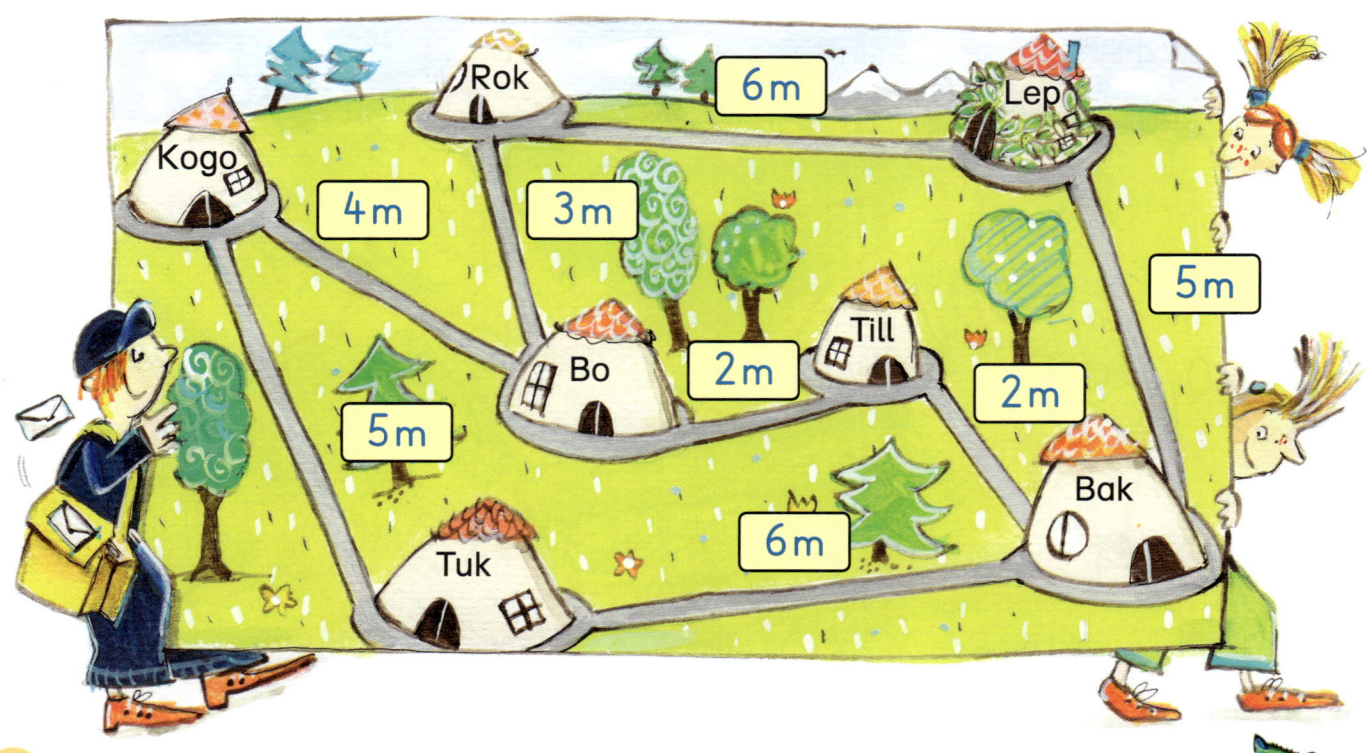

2 Baut in der Klasse das Zwergendorf nach.

3 Ergänze die Beschriftungen.

1 Meter
1 m

Bleib in Form!

4 Rechne die Würfelpunkte zusammen.

Raum und Form: Orientierung, Pläne lesen, Größen: Meter
1) Die Karte ist eine Wegskizze, bei der die Streckenlängen nicht maßstabgetreu dargestellt sind. Die Namen auf den Hütten sind die Namen der Zwerge.
Abenteuergeschichte ▶ LH
98
2) TIPP Klassenaktivität ▶ LH

24. Landkarten und Wege

1 Ergänze die fehlenden Namen der Zwerge.

Kogo ⟶ Bo ⟶ Till ⟶ ☐ ⟶ Lep

Tuk ⟶ ☐ ⟶ Till ⟶ ☐ ⟶ Rok

Lep ⟶ ☐ ⟶ ☐ ⟶ Kogo

2 Wie lange sind diese Wege?

Kogo ⟶ Bo 4 m

Kogo ⟶ Tuk ☐

Till ⟶ Bo ☐

Tuk ⟶ Bak ☐

Lep ⟶ Rok ☐

Rok ⟶ Lep ☐

3 Rechne aus, wie lang diese Wege sind.

Kogo ⟶ Bo ⟶ Till   4 m   2 m $4\,m + 2\,m = 6\,m$

Rok ⟶ Lep ⟶ Bak   ☐   ☐

Bak ⟶ Till ⟶ Bo   ☐   ☐

Bak ⟶ Tuk ⟶ Kogo   ☐   ☐

Raum und Form: Orientierung, Pläne lesen, Größen: Meter
1) 2) 3) Die Kinder verwenden die Karte des Zwergendorfes auf Seite 98.

24. Landkarten und Wege

1 Trage die Länge des kürzesten Weges ein.

6 m		
Kogo ⟶ Till	Bak ⟶ Rok	Lep ⟶ Till

Bo ⟶ Lep	Tuk ⟶ Bak	Tuk ⟶ Till

2 Wie lang sind alle Wege im Zwergendorf zusammen?
Vergleiche deine Lösung und deinen Rechenweg mit anderen Kindern.

Bleib in Form!

3 Rechne die Würfelpunkte zusammen.

   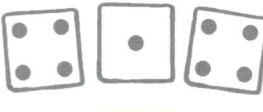   

Raum und Form: Orientierung, Pläne lesen, Größen: Meter
2) Die Kinder entwickeln eigene Lösungsstrategien, z.B. haken sie alle Wege ab, die bereits in der Rechnung verwendet wurden.

25. Einfach oder schwierig?

1 Löse die Aufgaben.
Warum behauptet Cedric, dass das Spiel unfair ist?

fair,
unfair

Wer zuerst fertig ist, gewinnt!

2 + 2 =	8 + 9 =
3 − 1 =	15 − 8 =
5 + 3 =	4 + 13 =
12 − 0 =	20 − 6 =
10 + 4 =	6 + 9 =
9 − 2 =	13 − 5 =

Das Spiel ist unfair!

2 Löse die Rechnungen und kreuze an: leicht oder schwierig.
Vergleiche mit einem anderen Kind.

	1 + 1 =	3 + 12 =	6 + 6 =	5 + 9 =
leicht	✕			
schwierig				

	9 − 9 =	15 − 4 =	7 − 2 =	14 − 6 =
leicht				
schwierig				

3 Bilde zu jedem Ergebnis eine leichte und eine schwierige Aufgabe.
Erkläre.

leicht: + = 15	leicht: − = 8
schwierig: + = 15	schwierig: − = 8

leicht: + = 12	leicht: − = 5
schwierig: + = 12	schwierig: − = 5

Plus- und Minusrechnungen: Einschätzen der Schwierigkeit
1) Die Kinder begründen, warum aus ihrer Sicht das Spiel unfair ist. Abenteuergeschichte ▶LH
3) Die Kinder sollen begründen, warum ihnen eine Aufgabe schwerer erscheint als eine andere.

25. Einfach oder schwierig?

1 Rechne mit der Tauschaufgabe.

Das ist schwierig.

4 + 13

Ich rechne die Tauschaufgabe:
13 + 4
Das ist leichter!

4 + 13 = ☐   2 + 15 = ☐   3 + 9 = ☐   4 + 8 = ☐

1 + 18 = ☐   4 + 11 = ☐   2 + 8 = ☐   6 + 9 = ☐

5 + 12 = ☐   7 + 10 = ☐   5 + 9 = ☐   2 + 9 = ☐

2 Rechne die Aufgabe. Überprüfe mit der Umkehraufgabe.

Das Ergebnis ist 8.

15 – 7

Stimmt!
Weil
8 + 7 = 15

11 – 5 = ☐ , weil ☐ + 5 = 11   12 – 6 = ☐ , weil ☐ + ☐ = ☐

13 – 6 = ☐ , weil ☐ + 6 = 13   16 – 8 = ☐ , weil ☐ + ☐ = ☐

12 – 4 = ☐ , weil ☐ + 4 = ☐   14 – 7 = ☐ , weil ☐ + ☐ = ☐

3 Drei Zahlen, vier Aufgaben.

3 4 7   5 7 12   9 7 ?

3 + 4 = 7   ☐ = ☐   ☐ = ☐

☐ = ☐   ☐ = ☐   ☐ = ☐

☐ = ☐   ☐ = ☐   ☐ = ☐

☐ = ☐   ☐ = ☐   ☐ = ☐

Bleib in Form!

4 Ergänze die fehlenden Punkte. Schreibe die Rechnungen.

☐ + ☐ + ☐ = 13   ☐ + ☐ + ☐ = 13

Plus- und Minusrechnungen: Tauschaufgaben, Umkehraufgabe als Probe
3) Die Kinder finden Plus- und Minusrechnungen, Tausch- und Umkehraufgaben.

25. Einfach oder schwierig?

1   Rechne und ergänze die fehlenden Rechnungen.

9 + 3 = ☐   6 + 2 = ☐   7 + 1 = ☐

10 + 3 = ☐   6 + 4 = ☐   7 + 3 = ☐

11 + 3 = ☐   6 + 6 = ☐   7 + 5 = ☐

☐

☐

2   Rechne und ergänze die fehlenden Rechnungen.

   ☐ – ☐ = ☐

13 – 3 = ☐   16 – 4 = ☐   15 – 7 = ☐

13 – 5 = ☐   16 – 6 = ☐   15 – 5 = ☐

13 – 7 = ☐

3   Beginne immer mit der leichtesten Aufgabe.

6 + 7 = ☐   7 + 6 = ☐   5 + 9 = ☐   13 + 4 = ☐

7 + 7 = 14   7 + 3 = ☐   5 + 7 = ☐   3 + 4 = ☐

7 + 8 = ☐   7 + 4 = ☐   5 + 5 = ☐   4 + 13 = ☐

10 – 5 = ☐   17 – 8 = ☐   16 – 8 = ☐   14 – 9 = ☐

11 – 6 = ☐   17 – 7 = ☐   16 – 9 = ☐   14 – 10 = ☐

12 – 7 = ☐   17 – 9 = ☐   16 – 10 = ☐   14 – 11 = ☐

4   Ergänze die fehlenden Zahlen.

4 + ☐ = 10   7 + ☐ = 10   9 + ☐ = 19   3 + ☐ = 8

5 + ☐ = 10   7 + ☐ = 12   8 + ☐ = 15   4 + ☐ = 10

6 + ☐ = 12   7 + ☐ = 14   7 + ☐ = 13   5 + ☐ = 12

7 + ☐ = 12   7 + ☐ = 16   6 + ☐ = 13   6 + ☐ = 14

Plus- und Minusrechnungen: Muster in Rechenpäckchen nutzen

25. Einfach oder schwierig?

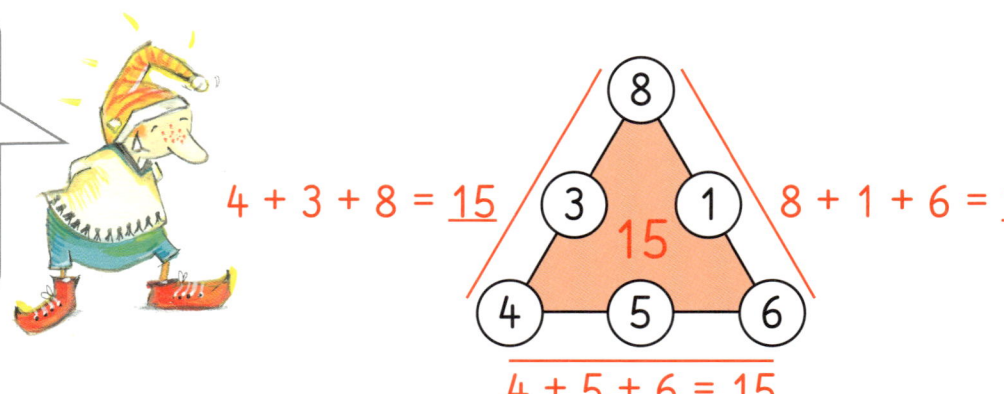

In den Zauberdreiecken darf jede Zahl von 0 bis 10 nur einmal vorkommen.

$4 + 3 + 8 = \underline{15}$

$8 + 1 + 6 = \underline{15}$

$4 + 5 + 6 = \underline{15}$

1 Finde die fehlenden Zahlen.

Bleib in Form!

2 Ergänze die fehlenden Punkte. Schreibe die Rechnungen.

☐ + ☐ + ☐ = 14   ☐ + ☐ + ☐ = 14

Plus- und Minusrechnungen: Zauberdreiecke
1) Bei der letzten Aufgabe sind mehrere Lösungen möglich.

26. Uhr und Kalender

1 Zeichne die Zeiger in die Uhren ein.

2 Stelle alle Uhren auf 3 Uhr. Zeichne die Zeiger ein.

26. Uhr und Kalender

1 Zeichne bei jeder Uhr den Stundenzeiger ein.

Uhr,
Stundenzeiger,
Minutenzeiger

2 Uhr   5 Uhr

2 Gestalte deine eigene Uhr.

9 Uhr   8 Uhr

3 Welche Zeiten zeigen diese Uhren?

5 Uhr   _____ Uhr   _____ Uhr   _____ Uhr   _____ Uhr

Bleib in Form!

4 Rechne.

3 + 12 =	3 + 6 =	15 − 4 =	14 − 7 =
7 + 7 =	14 + 4 =	7 − 2 =	8 − 5 =
15 + 5 =	9 + 6 =	12 − 6 =	19 − 3 =
0 + 9 =	12 + 5 =	20 − 1 =	16 − 6 =
16 + 3 =	1 + 18 =	5 − 5 =	6 − 4 =

26. Uhr und Kalender

1 Sarahs Schultag.
Überlege, wie spät es jeweils sein könnte und zeichne die Zeiger ein.

2 Zeichne einige Bilder zu deinem Tagesablauf.
Ordne die Bilder und male eine passende Uhr dazu.

Größen und Messen: Stunden, die Uhr
2) Wenn eine Kamera verfügbar ist, können die Kinder zu ihrem Tagesablauf auch Fotos machen.

26. Uhr und Kalender

1 Ordne die Wochentage.

1. Montag	Samstag

Mittwoch	Sonntag	Dienstag

Freitag	Donnerstag

2 Schreibe die Wochentage in der richtigen Reihenfolge auf.

Montag, _____

3 Wie viele Tage dauern die Reitwoche und der Urlaub?

Reitwoche

1 Woche = ☐ Tage

Urlaub

2 Wochen = ☐ Tage

Bleib in Form!

4 Ergänze die fehlenden Zahlen.

5 + ☐ = 9	12 + ☐ = 17	10 − ☐ = 4	6 − ☐ = 6
3 + ☐ = 4	11 + ☐ = 20	16 − ☐ = 11	14 − ☐ = 7
8 + ☐ = 11	3 + ☐ = 13	8 − ☐ = 0	18 − ☐ = 15
2 + ☐ = 6	7 + ☐ = 15	13 − ☐ = 9	8 − ☐ = 1

Größen und Messen: Woche, Tag, Wochentage

26. Uhr und Kalender

1 Trage die Klavierstunden in Sonjas Kalender ein.

Klavierstunden:

  3. Juni
10. Juni
18. Juni
20. Juni
24. Juni
  1. Juli
  3. Juli

Vorspielstunde:

  4. Juli

Juni		Juli	
1	16	1	16
2	17	2	17
3 K	18	3	18
4	19	4 V	19
5	20	5	20
6	21	6	21
7	22	7	22
8	23	8	23
9	24	9	24
10	25	10	25
11	26	11	26
12	27	12	27
13	28	13	28
14	29	14	29
15	30	15	30
			31

2 Finde zu den Wochentagen das richtige Datum.
Verwende einen Kalender.

	Wochentag	Datum
heute		
morgen		
gestern		
in 4 Tagen		
vor 3 Tagen		

Größen und Messen: Monat, Datum, Kalender
2) Die Kinder tragen das aktuelle Datum ein, an dem die Übung gemacht wird.

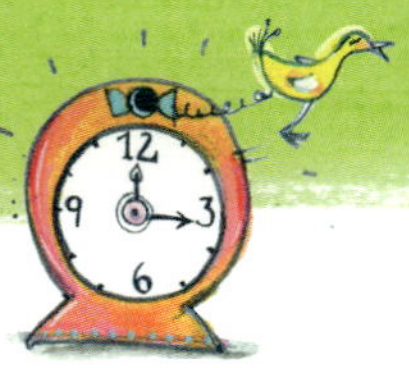

27. 100 Cent für ein Eis

1 Welche Matrosen können sich ein Eis kaufen?
Male die Eistüte an, wenn der Matrose 100 Cent hat.

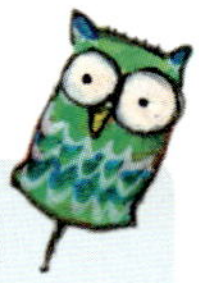

1 ct = 1 Cent
1 € = 1 Euro
1 € = 100 ct
Münze

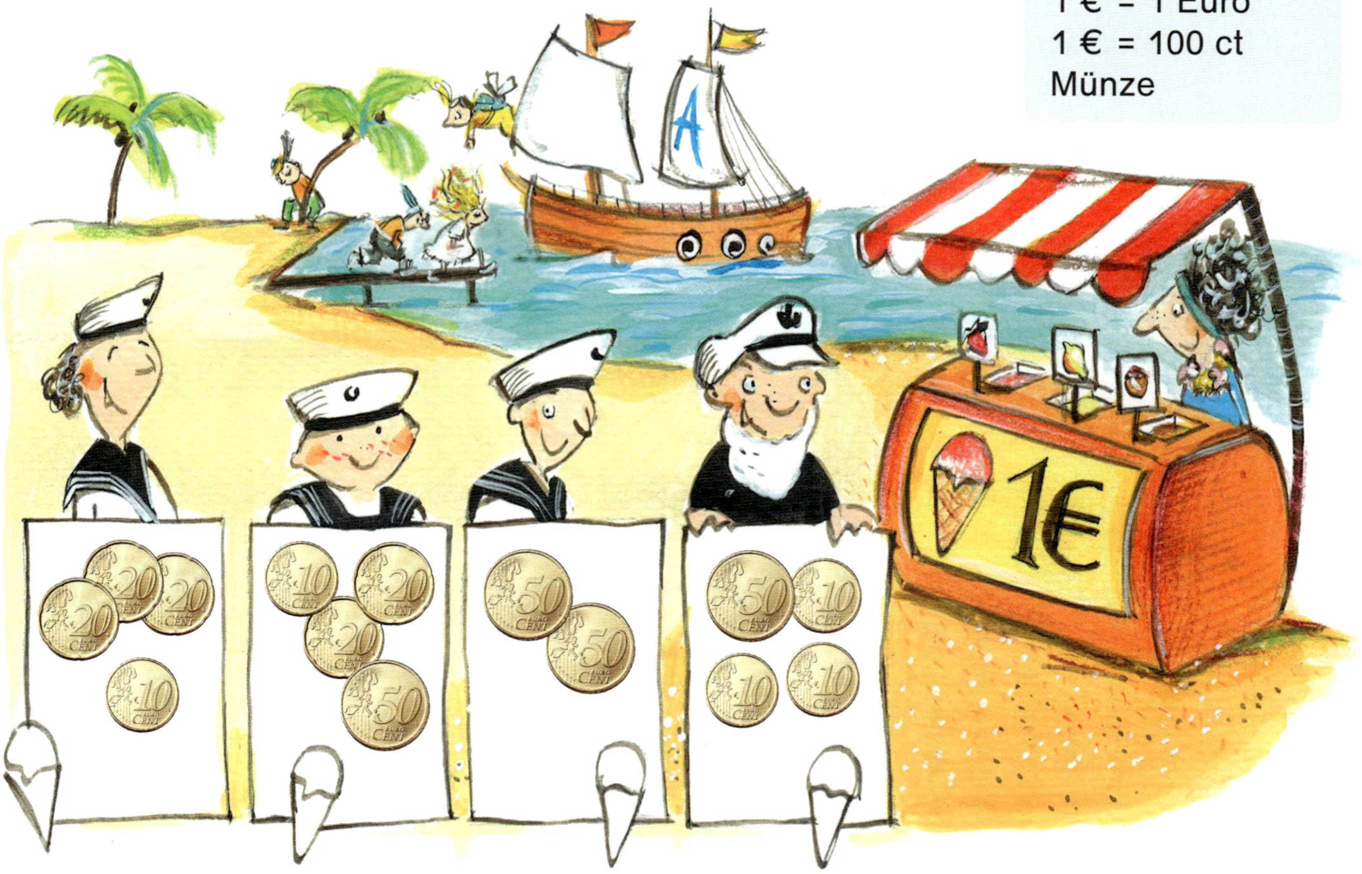

2 Schreibe den Wert der Münzen in die Kästchen.
Ordne alle Münzen von der kleinsten bis zur größten.
Verwende das Legematerial.

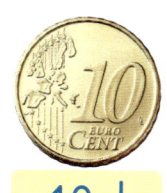

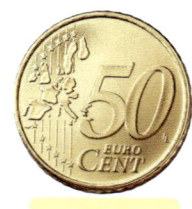

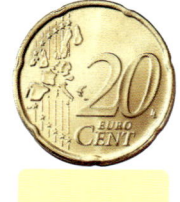

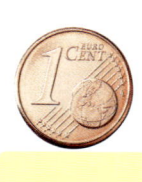

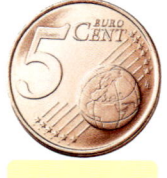

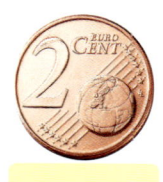

10ct					

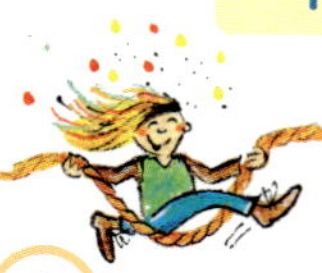

Bleib in Form!

3 Rechne und bilde die Umkehraufgabe.

14 − 6 = ☐, weil ☐ + 6 = 14
12 − 3 = ☐, weil ☐ + 3 = 12

15 − 6 = ☐, weil ☐ + ☐ = ☐
11 − 3 = ☐, weil ☐ + ☐ = ☐

Größen: Euro und Cent
2) Die Kinder verwenden das Spielgeld aus den Stanzbögen.

Wie viel Cent sind das?
Kreise immer 10 Cent ein und schreibe das Ergebnis auf.

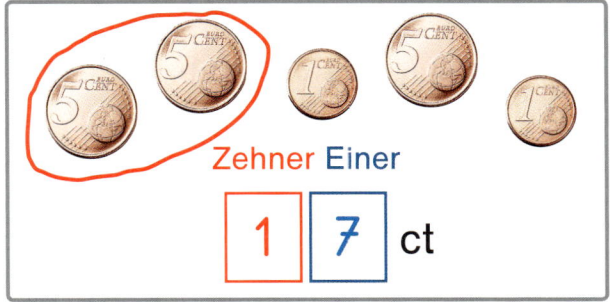

Zehner Einer

| 1 | 7 | ct |

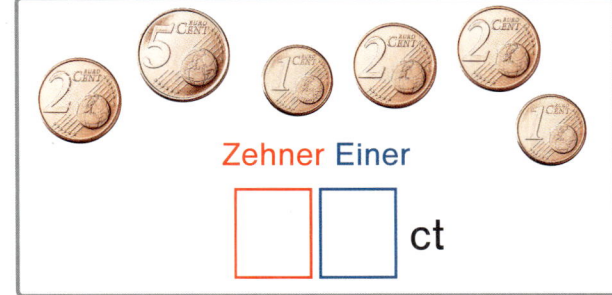

Zehner Einer

| | | ct |

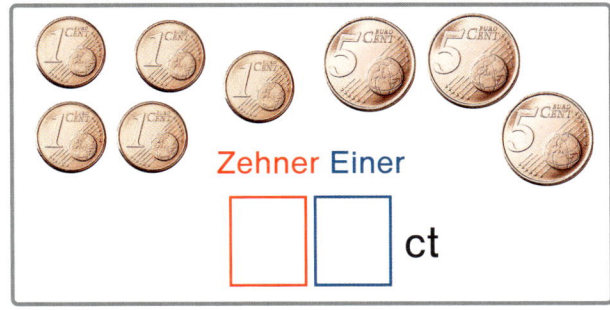

Zehner Einer

| | | ct |

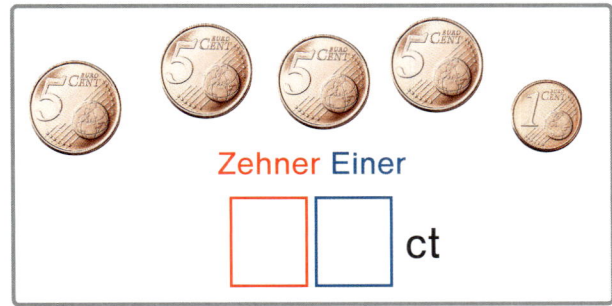

Zehner Einer

| | | ct |

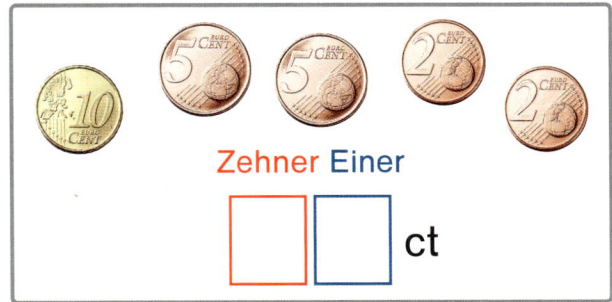

Zehner Einer

| | | ct |

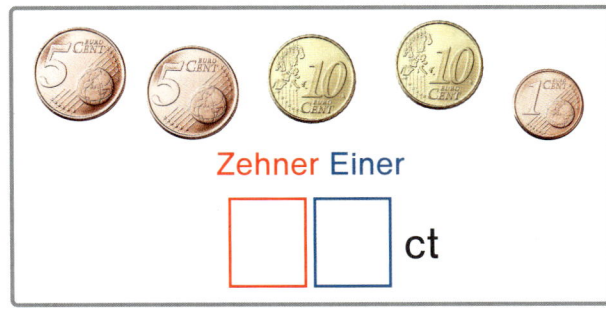

Zehner Einer

| | | ct |

2   Lege, sprich und schreibe die Zahlen.

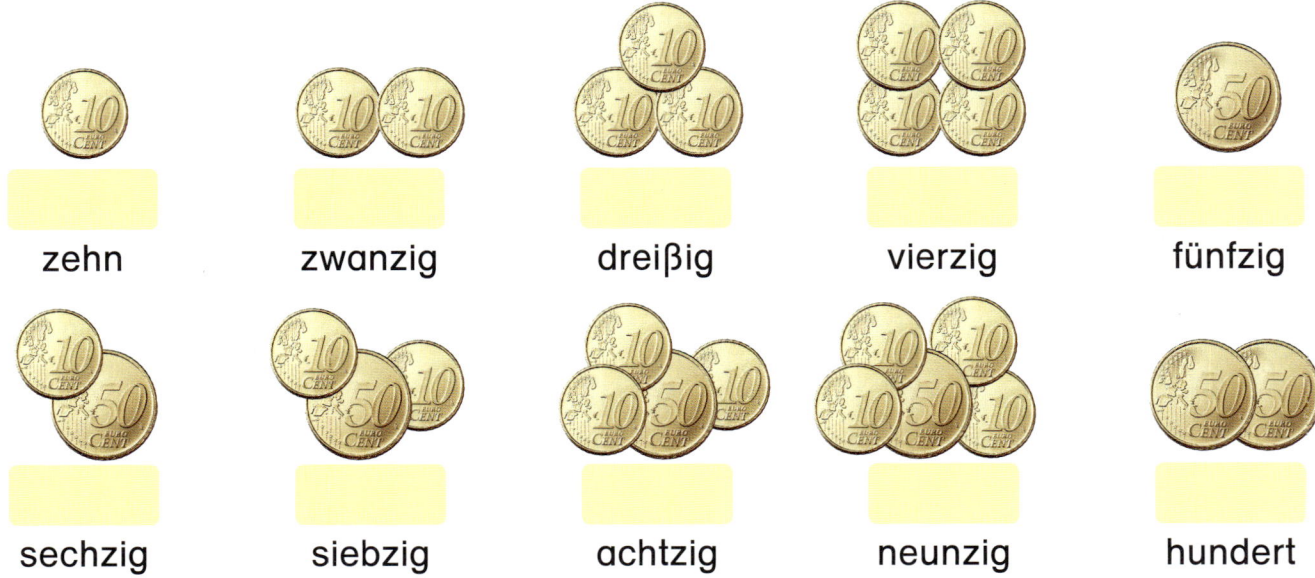

zehn   zwanzig   dreißig   vierzig   fünfzig

sechzig   siebzig   achtzig   neunzig   hundert

Größen: Euro und Cent

1 Wie viel Cent sind das?

51 ct

2 Lege diese Geldbeträge.

15 ct, 22 ct, 30 ct, 28 ct, 50 ct, 35 ct, 90 ct, 19 ct, 32 ct, 40 ct

3 Immer 1 Euro. Lege und schreibe.

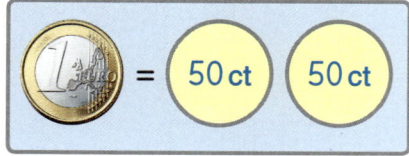

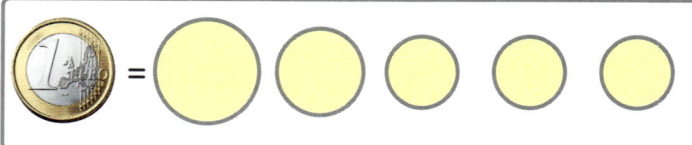

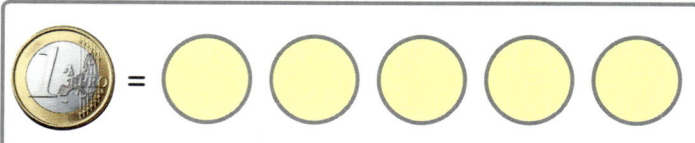

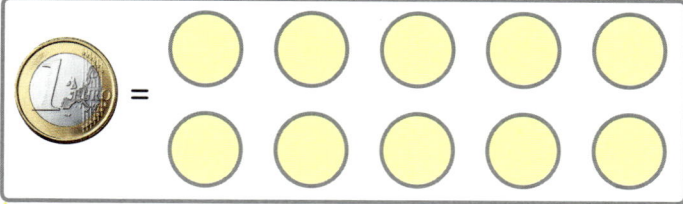

1 € = 100 ct

Bleib in Form!

4 Ergänze die Zahlen in den Zahlenbändern.

		11	12	

		2	

		18		

Größen: Euro und Cent
2) 3) Die Kinder verwenden das Spielgeld aus den Stanzbögen.

112

1 Welche Blumen findest du?
Male für jede Blume ein Kästchen an.

Wiederholung: Daten, Häufigkeit, Schaubilder

1 Wie viel Euro sind das?

[   ] €   [   ] €   [   ] €

2 Wie viel bezahlen die Kinder? Erzähle und rechne.

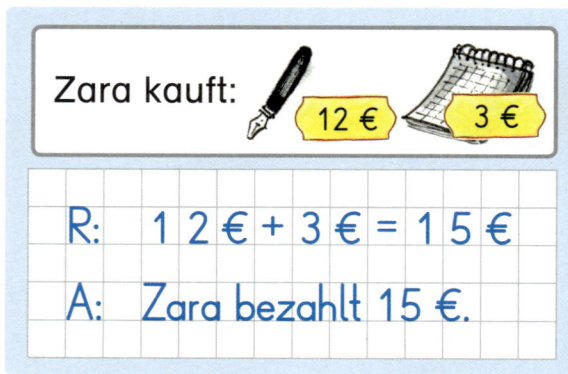

Zara kauft: 12 €   3 €

R: 12 € + 3 € = 15 €

A: Zara bezahlt 15 €.

Pit kauft: 4 €   12 €

Kira kauft: 2 €   9 €

3 Alex kauft 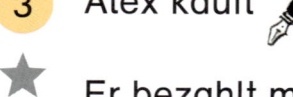 und  .

Er bezahlt mit  .

Berechne das Wechselgeld.

4 Timo kauft  und  .

Er bezahlt mit .

Berechne das Wechselgeld.

Bleib in Form!

5 Rechne.

5€ + 8€ = 13€   15€ + 5€ = [   ]   9€ + 4€ = [   ]

7€ + 7€ = [   ]   8€ + 4€ = [   ]   16€ + 2€ = [   ]

12€ − 2€ = [   ]   15€ − 3€ = [   ]   20€ − 5€ = [   ]

11€ − 5€ = [   ]   18€ − 6€ = [   ]   16€ − 8€ = [   ]

Wiederholung: Sachaufgaben mit Geld
3) 4) Die Preise können bei Aufgabe 2) entnommen werden.

114

28. Das kann ich schon!

1 Wie lang sind diese Wege?

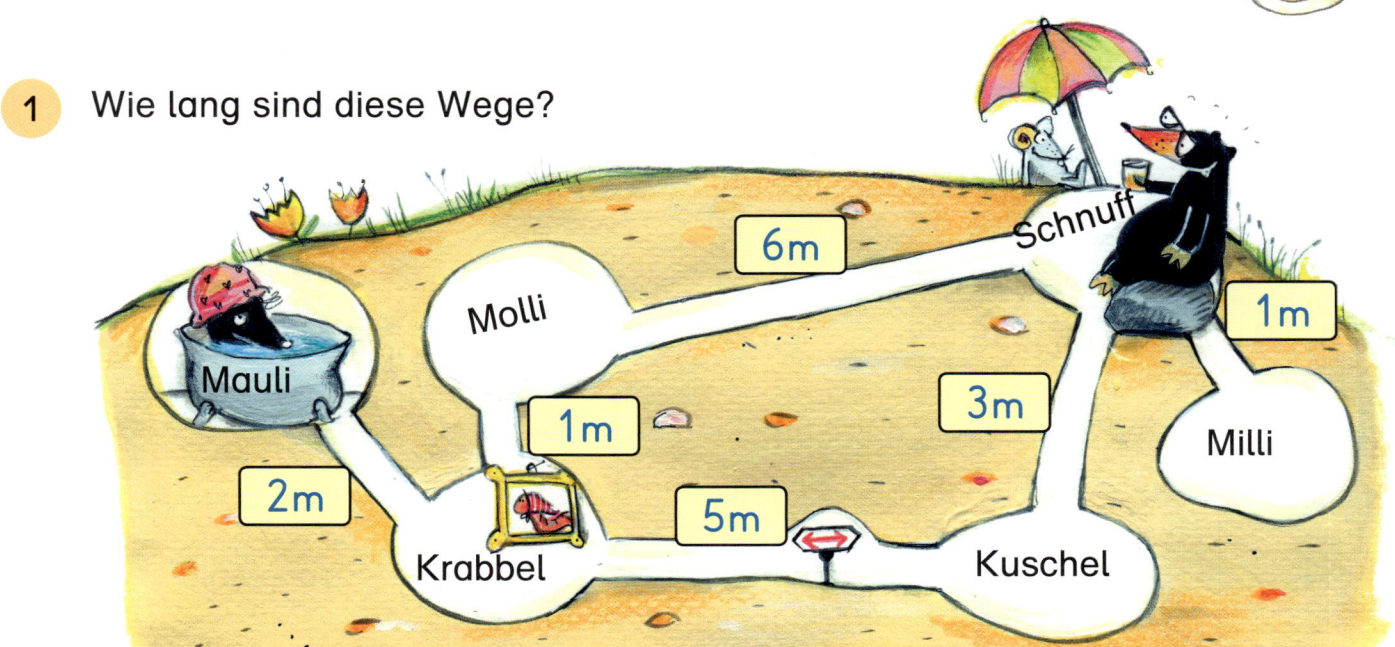

	1m		2m	
Molli	→	Krabbel	→	Mauli

1m + 2m = 3m

Molli	→	Schnuff	→	Milli

Kuschel	→	Schnuff	→	Milli

Krabbel	→	Molli	→	Schnuff

2 ⭐ Wie lang ist der kürzeste Weg von Mauli zu Milli?

3 Zeichne bei jeder Uhr den Stundenzeiger ein.

12 Uhr   1 Uhr   4 Uhr   6 Uhr   11 Uhr

Wiederholung: Pläne lesen, Größen: Meter, Stunden

Knobelaufgabe

★ Überlege, wie du die Knobelaufgabe lösen kannst.
Sprich mit anderen Kindern darüber.

1 Wie viele Punkte hat jedes Kind beim Dosenwerfen erreicht?

- Lies die Texte in den Sprechblasen der Kinder.
- Versuche allein oder zusammen mit einem anderen Kind eine Lösung zu finden.
- Wie bist du zur Lösung gekommen? Erkläre deine Lösung und stelle deinen Lösungsweg einem anderen Kind vor.
- Vergleiche deine Lösung mit den Lösungen von anderen Kindern. Gibt es verschiedene Lösungen?

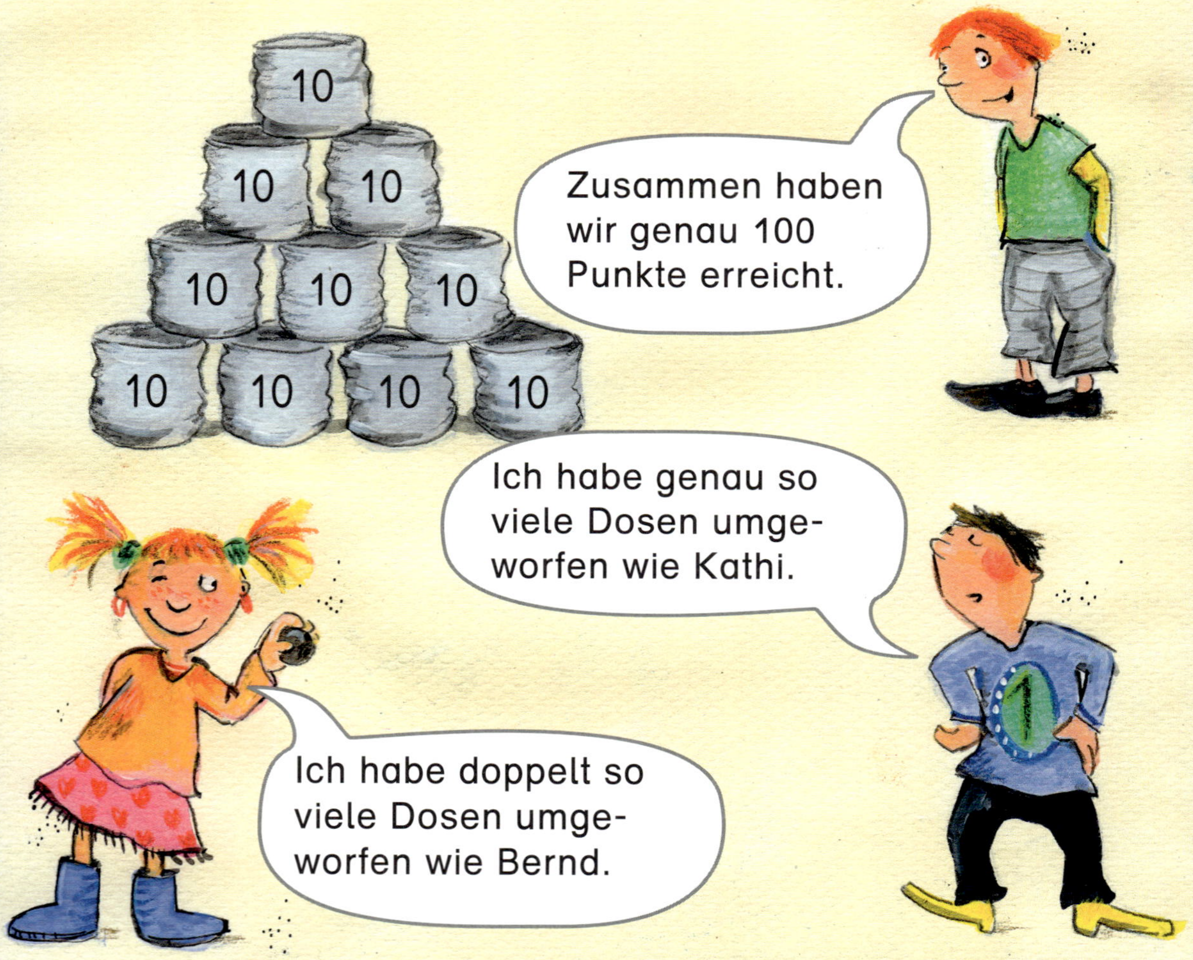

> Zusammen haben wir genau 100 Punkte erreicht.

> Ich habe genau so viele Dosen umgeworfen wie Kathi.

> Ich habe doppelt so viele Dosen umgeworfen wie Bernd.

Knobelaufgabe
1) Die Kinder setzen geeignete Lösungsstrategien ein, z.B. systematisches Probieren.